D1717916

Jonathan Robinson

Alchemie des Geldes

Geld & Geist im Conzett- & Oesch-Programm

George S. Clason
Der reichste Mann von Babylon
Die Erfolgsgeheimnisse der Antike – der erste Schritt in die
finanzielle Freiheit. 5. Auflage. Conzett Verlag

Benjamin Franklin
Der Weg zum Reichtum
Geschichte meines Lebens. Die Biographie des großen
amerikanischen Staatsmannes und Erfinders, von ihm selbst
erzählt. Oesch Verlag

Fred C. Kelly
Warum du gewinnst
Psychologie der Börse. Ratgeber für Aktienkäufer.
3. Auflage. Conzett Verlag

Henry Clay Lindgren
Psychologie des Geldes
Unabhängigkeit, Anerkennung, Schuldgefühle, Geiz,
Verschwendungssucht und normaler Umgang mit Geld.
Conzett Verlag

Barbara Stanny
Märchenprinzen warten nicht
Sieben Schritte zur finanziellen Unabhängigkeit.
Der Geldratgeber für Frauen. Conzett Verlag

Jack Weatherford
Eine kurze Geschichte des Geldes und der Währungen
»Dies ist das Buch, das Sie unbedingt lesen sollten.«
Charles R. Schwab. Conzett Verlag

In Ihrer Buchhandlung

Jonathan Robinson

Alchemie des Geldes

Eine spirituelle Annäherung

Aus dem Amerikanischen von
Angelika Bardeleben

Conzett Verlag
bei Oesch

Die amerikanische Originalausgabe erschien 1998
unter dem Titel *Real Wealth*
bei Hay House, Inc., Carlsbad, CA
Copyright © 1998 by Jonathan Robinson

Copyright © 2000 der deutschsprachigen Ausgabe
by Conzett Verlag/Sunflower GmbH, Zürich
Auslieferung durch Oesch Verlag, Zürich
Satz: Oesch Verlag
Druck und Bindung: Wiener Verlag, Himberg

ISBN 3-905267-06-3

Gern senden wir Ihnen unser Verlagsverzeichnis:
Oesch Verlag, Jungholzstraße 28, 8050 Zürich
E-Mail: info@oeschverlag.ch
Telefax 0041/1 305 70 66 (CH: 01/305 70 66)

Unser Buchprogramm finden Sie im Internet unter:
www.oeschverlag.ch
Mehr Informationen über Geld & Geist im virtuellen Museum:
www.moneymuseum.com

Inhalt

Teil III: Vom Lebensziel zur Seelenreise

Einleitung

Dieses Buch ist mehr als eine weitere Abhandlung über Wohlstand und den Bewußtseinszustand, der es ermöglicht, ihn zu erlangen. In den meisten Büchern, in denen von Spiritualität und Geld die Rede ist, geht es darum, wie man mehr Geld verdient, indem man seine Glaubenssätze darüber ändert. Zwar sind auch in diesem Buch solche Gedanken enthalten, aber es handelt im wesentlichen davon, wie man Geld und Arbeit nutzt, um dem Schöpfer (oder Gott oder seiner eigenen Seele – nehmen Sie den Begriff, der Ihnen lieber ist) näher zu sein. Ich glaube, daß wir, wenn wir Geld und Arbeit in unseren spirituellen Weg einbeziehen, in unserem Alltag liebevoller, kreativer und glücklicher werden. Wir können »wahren Reichtum« erfahren.

Meine spirituelle Herangehensweise an Geld und Arbeit begann damit, daß ich fast zehn Jahre in spirituellen Kommunen verbrachte. Gegen Ende dieser Phase meines Lebens lebte ich in einem 1967-Dodge-Lieferwagen und meditierte oftmals zehn Stunden am Tag. Wenn ich nicht meditierte, nahm ich Gelegenheitsarbeiten an, damit ich genügend Geld für Lebensmittel hatte. Meine Bemühungen, mich tief in meine Seele zu versenken, führten schließlich zu einer wundervollen Verbindung mit Gott. Und dann, eines Tages, als ich meditierte, schickte mir meine innere Stimme eine Botschaft, die alles veränderte. Zu meiner Überraschung »schlug sie vor«, daß ich ein Video über eine erfolgreiche Paarbeziehung machen sollte. Leider wußte ich zu jenem Zeitpunkt nichts über die Produktion und das Marketing von Videos und darüber, wie man ein Unternehmen aufbaut oder leitet. Und, was alles noch viel schlimmer machte, meine Freundin behauptete, daß ich auch nichts davon verstehe, wie man eine intime Beziehung gestaltet! Aber die innere Stimme, die mir sagte, ich solle ein Video machen, wollte nicht schweigen.

Nachdem ich ein paar Erkundigungen eingezogen hatte, fand ich heraus, daß es 45 000 Dollar kosten würde, das Video, das mir vorschwebte, zu machen. Bis zu diesem Zeitpunkt meines Lebens hatte ich nie mehr als 2000 Dollar besessen, deshalb vermutete ich, daß es schwierig sein würde, so viel Geld aufzutreiben. Um diese Herausforderung zu bestehen, mußte ich meine Ansichten über Geld und meine Beziehung zu ihm drastisch verändern. Schließlich hatte ich Geld zuvor immer mit Gier und Selbstsucht in Zusammenhang gebracht, und mir war klar, daß diese Wahrnehmung mit meiner neuen »Mission«, das Video zu machen, nicht zusammenpaßte.

Während ich verschiedene Bücher las, Geldseminare besuchte und Selbsthypnose anwandte, begann ich, meine Einstellung zu Geld und meine Glaubenssätze über das Geld zu verändern. Unterstützt durch bestimmte Hilfen, die ich in diesem Buch näher beschreiben werde, wuchs in mir die Begeisterung, als spirituelles Wesen die materielle Welt zu meistern. Innnerhalb von sechs Wochen trieb ich die gesamten 45 000 Dollar auf, die ich für das Video brauchte, obwohl ich zu Anfang weder Geld noch Sicherheiten hatte. (In Kapitel 7 werde ich näher erläutern, wie ich es schaffte, diese Geldsumme aufzubringen.) Das Video wurde schließlich, im Jahr 1991, das meistverkaufte Lehrvideo in Amerika. Sogar *News-*

week veröffentlichte einen Artikel darüber. Dies war der Anfang meiner Karriere. Ich hatte die Erfahrung gemacht, daß der Schöpfer ein wunderbarer Geschäftspartner sein kann.

Seit meiner Erfahrung mit dem Video habe ich in der materiellen Welt verschiedene andere erfolgreiche geschäftliche Unternehmen gestartet. Oberflächlich mag es so aussehen, als sei ich bloß ein weiterer Geschäftsmann, der ein Buch schreibt. In Wahrheit aber habe ich versucht, Gott bei jedem der Projekte, an denen ich arbeitete, zu meinem Partner zu machen. Ich habe erfahren, daß die Arbeit, die man leistet, ein Weg sein kann, um die Verbindung zum Himmel, den man in sich trägt, zu vertiefen.

Ich möchte betonen, daß der Weg für mich nicht immer leicht war. Ich stolperte in viele derselben Geld- und Arbeitsfallen, in die auch andere Menschen hineingeraten. Aber ich hatte auch das Glück, aus diesen Fallen herauszukommen und meinen Weg fortsetzen zu können. Ich habe die Hoffnung, daß die Ideen und Techniken, die in diesem Buch beschrieben werden, Ihnen helfen, die Welt des Geldes, der Arbeit und des Spirituellen miteinander zu verbinden. Wenn das, was wir tun, um unseren Lebensunterhalt zu verdienen, sinnvoll ist und unserer spirituellen Natur entspricht, dann vermittelt uns das ein wunderbares Gefühl. Hinzu kommt, daß wir uns dadurch sehr viel mehr Gelegenheiten für spirituelles Wachstum verschaffen. Schließlich arbeitet der typische Amerikaner fast 50 Stunden pro Woche. Wenn unsere Arbeit zu einem Teil unseres spirituellen Weges wird – anstatt von ihm getrennt zu sein –, dann fängt unser Leben an, sich runder, friedlicher und zielbewußter anzufühlen.

Im Grunde bedeutet eine spirituelle Herangehensweise an Geld und Arbeit, daß Sie lernen, Geld auf eine Weise zu verdienen und zu benutzen, die Ihre Erfahrung Gottes vertieft.

(Die Wörter *Gott, Schöpfer* und *Seele* sind in diesem Buch austauschbar.) Sie gibt Ihnen auch die Chance, zu lernen, wie man in der materiellen Welt in Frieden und in Liebe lebt – ob Sie nun ein dickes Bankkonto haben oder nicht.

In diesem Buch werde ich über das Positivste reden, was ich aus meinen eigenen Erfahrungen und aus der Weisheit anderer gelernt habe. Ich werde Ihnen zahlreiche Ideen, Ansichten und spezifische Methoden erläutern. Wahrscheinlich werden Sie einigen zustimmen, anderen wiederum nicht. Das ist in Ordnung. Ich bin mir bewußt, daß jeder Mensch anders ist und unterschiedliche Ideen und Hilfsmittel braucht, die ihm helfen, den nächsten Schritt auf seinem persönlichen Weg zu machen. Während der Lektüre dieses Buches wird es Ihre Aufgabe sein, die Ideen, bei denen Sie das Gefühl haben, daß sie zu diesem Zeitpunkt Ihres Lebens für Sie passen, *in die Tat umzusetzen.* Über jene Ideen, die sich nicht auf Ihre augenblickliche Situation anwenden lassen, dürfen Sie hinweglesen. Wenn Sie auf diese Weise vorgehen, werden die Prinzipien, die hier erörtert werden, für Sie gewiß sehr wertvoll sein.

Seinen Lebensunterhalt zu verdienen braucht keine Belastung zu sein; vor allem aber ist es mit Ihrem Bemühen vereinbar, ein liebevoller, spiritueller Mensch zu werden. Es kann Spaß machen, eine Herausforderung sein und sogar ein *heiliges* Abenteuer. Ich wünsche Ihnen alles Gute auf Ihrer Reise.

Jonathan Robinson

Teil I

Den Weg frei machen

1. Kapitel

Geld verdienen, um Ihre Seele zu nähren

> *»Wohlstand ist nur ein Instrument,*
> *das man benutzen,*
> *kein Gott, den man verehren sollte.«*
> CALVIN COOLIDGE

Die meisten von uns kennen die Sätze: »Geld macht nicht glücklich«, »Mit Geld kann man sich keine Liebe kaufen« und »Geld ist die Wurzel allen Übels«.

Diese Sätze gelten aber nur für die Menschen, die nicht wissen, welche Möglichkeiten Geld uns verschaffen kann. Geld macht glücklich. Mit Geld kann man sich Liebe kaufen. Geld kann sogar die Wurzel alles Guten sein, das Sie tun. Es hängt alles davon ab, wie Sie Ihr Geld nutzen und wie Ihr Verhältnis zu ihm ist. Wenn Sie möchten, können Sie es benutzen, um ein paar Gramm Kokain zu kaufen und sich das Gehirn zuzudröhnen. Oder Sie können es benutzen, um Seminare für spirituelles Wachstum zu besuchen und bedürftigen Menschen zu helfen. Geld ist ein Verstärker Ihrer individuellen Persönlichkeit und dessen, was Sie sinnvoll finden. Wenn es Ihnen wichtig ist, Erleuchtung zu suchen oder eine tiefere Verbindung zu Gott zu erreichen, dann kann Geld ein wunderbares Hilfsmittel sein, um Ihre Reise zu beschleunigen – wenn Sie es richtig nutzen.

Ob es uns nun gefällt oder nicht, das Streben nach Geld

und die große Bedeutung, die es in unserem Leben hat, ist eine unveränderliche Tatsache. Wir können darüber klagen, wie wichtig es geworden ist, oder wir können sogar versuchen, seine Bedeutung zu leugnen. Dennoch: Die Wahrheit ist, daß Geld fast jeden Bereich unseres Lebens beeinflußt, einschließlich unserer Beziehung zu Gott. Um unser Streben nach Geld mit unserer spirituellen Suche in Einklang zu bringen, müssen wir mehrere Dinge lernen und verstehen. Zuallererst müssen wir uns bewußt werden, warum wir in unserem Leben mehr Geld haben wollen. Weil wir sinnlose Dinge kaufen wollen, die uns von unserem wahren Ziel ablenken? Hoffentlich nicht. Wünschen wir uns Geld, um ein »besserer«, spirituellerer Mensch zu werden? Hoffentlich ja. Aber wenn wir die Absicht haben, Geld zu benutzen, um »spiritueller« zu werden, dann müssen wir genau definieren, was spirituell zu sein für uns bedeutet.

Ich glaube, es gibt ein paar hilfreiche Hinweise, die uns in die richtige Richtung führen können. Einen solchen Hinweis können wir finden, indem wir dem zuhören, was Menschen, die Nahtoderfahrungen hatten, über den tiefsten Sinn des menschlichen Lebens sagen. Vor vielen Jahren hatte ich nach einem Autounfall meine eigene Begegnung mit dem Tod. Während meiner Nahtoderfahrung wurde ich mit der Aufforderung überrascht, mein Leben anhand zweier Fragen einzuschätzen. Nach dieser Erfahrung sprach ich mit Dutzenden von Leuten, die ebenfalls eine Nahtoderfahrung hatten – und entdeckte, daß die meisten von ihnen ebenfalls aufgefordert worden waren, ihr Leben anhand *derselben* beiden Fragen einzuschätzen. Die erste Frage lautet: »Was hast du über die Liebe gelernt?« Die zweite Frage lautet: »Wie weit und wie gut hast du deine Gaben und Talente genutzt, um andere Menschen und die Welt zu bereichern?«

16

Ich glaube, es ist mehr als ein Zufall, daß Menschen, die dem Tod nahe sind, so häufig mit den Themen »Liebe« und »der Beitrag, den wir leisten«, konfrontiert werden. Diese Konzepte sind auch in fast allen spirituellen Traditionen wiederzufinden, die die Welt jemals kannte. Wenn diese beiden Themen tatsächlich einen Hinweis auf das geben, was der Sinn unseres Lebens ist – wie kann Geld uns dann dabei helfen, unsere Lebensziele schneller und effektiver zu erreichen? Der erste Schritt besteht darin, einen Plan aufzustellen, in dem wir genau ausführen, auf welche Weise wir zusätzliches Geld benutzen können, um liebevollere, großzügigere Menschen zu werden, und wie Geld uns helfen kann, eine tiefere Verbindung zu Gott zu schaffen.

Bevor ich erläutere, wie Geld auf altruistischere Weise genutzt werden kann, bitte ich Sie, zunächst einmal wahrzunehmen, was Sie mit dem Begriff Geld assoziieren. Machen Sie beispielsweise folgenden Test: Stellen Sie sich vor, wie es wäre, eine gewaltige Summe Geld aufzubringen und zu besitzen. Bevor Sie weiterlesen, nehmen Sie sich einen Augenblick Zeit, um sich eine solche Situation und die Veränderungen vorzustellen, die sich dadurch in Ihrem Leben ergeben würden.

Wenn Sie sich bildhaft vorstellen (visualisieren), wie Sie eine Menge Geld verdienen und besitzen – was sehen Sie dann? Für einige Menschen bedeutet Geld Freiheit, Großzügigkeit und Seelenfrieden. Für andere bedeutet es, eine Menge Dinge zu kaufen, Überstunden, Gier und höhere Steuern. Da wir alle in verschiedenen Umgebungen aufgewachsen sind, hat jeder Mensch eine andere Vorstellung davon, wie es wäre, eine Menge Geld zu besitzen. Meine Kindheitserfahrungen in Zusammenhang mit Geld waren vor allem negativ, und so hatte ich eine emotionale Blockade dagegen, viel Geld zu verdienen. Mein Bankkonto war ein Spiegel meines Unterbewußtseins.

Die meisten Menschen haben im Zusammenhang mit Geld sowohl positive als auch negative Assoziationen. Vielleicht glauben wir, unsere Einstellung dem Geld gegenüber sei durchwegs positiv, dabei hat unser Unterbewußtsein einige extrem negative Glaubenssätze darüber aufgenommen. Vielleicht haben wir gehört, wie unsere Eltern Vorurteile über »die Reichen« oder »diese Krämer und Pfeffersäcke« äußerten, oder wir haben unbewußt wahrgenommen, daß die Tatsache, mehr Geld zu haben, unsere familiäre Situation auch nicht verbesserte. Wie zwei Hände, die sich gegeneinanderpressen, haben diese widerstreitenden Gefühle über Geld möglicherweise dahin geführt, daß wir uns unglaublich anstrengten, aber wenig dabei herauskam. Schließlich ist das Unterbewußtsein ständig bemüht, uns vor emotionalem Schmerz und Schwierigkeiten zu bewahren. Wenn Sie mit Reichtum unbewußt Negatives assoziieren, werden Sie finanziellen Überfluß meiden.

Während ich in meinem 1967-Dodge-Lieferwagen lebte und 300 Dollar im Monat verdiente, ließ ich alle negativen Gedanken, die mir in Zusammenhang mit Reichtum kamen, Revue passieren. Für mich war finanzieller Überfluß »unspirituell«, und spirituelles Wachstum war das Wichtigste in meinem Leben. Kein Wunder, daß ich nicht reich war. Aber jetzt, da meine »innere Stimme« mir eine Aufgabe gestellt hatte, bei der Geld eine Rolle spielte (ein Video zu machen), unterzog ich mich der Mühe, die Hindernisse in meinem Bewußtsein zu beseitigen.

Um dieses Ziel zu erreichen, stellte ich die folgende Liste auf, in der ich festlegte, wie Geld mir helfen würde, das zu erreichen, was mir wirklich wichtig war:

Zehn Dinge, die mir wirklich wichtig sind:

1. Innerer Friede und Meditation.
2. Der beste Mensch zu werden, der ich sein kann.
3. Glücklich zu sein.
4. Um die Welt zu reisen.
5. Persönliches und spirituelles Wachstum.
6. Die Welt zu einem besseren Ort zu machen.
7. Ein wunderbarer Partner oder Freund zu sein.
8. Eine gute Zeit mit Freunden zu verbringen.
9. Spaß zu haben.
10. Eine schöne Wohnung/ein schönes Haus zu haben.

Ich schlage vor, daß Sie eine ähnliche Liste von fünf bis zehn Dingen aufstellen, die Ihnen wirklich wichtig sind. Nachdem ich meine Liste aufgestellt hatte, schrieb ich auf, wie Geld mir helfen könnte, bei jedem dieser Punkte »voranzukommen«. Ich notierte dazu unter anderem:

Wenn ich reichlich Geld hatte, könnte ich verschiedene Seminare besuchen, die meine berufliche und spirituelle Entwicklung förderten. Ich könnte Zeit mit verschiedenen spirituellen Lehrern verbringen und herausfinden, welches ihre besten Ideen und Methoden sind, um das Göttliche zu erfahren.

Ich könnte in exotische Länder reisen und Dinge lernen, die mein eigenes Leben – und vielleicht das Leben anderer – entscheidend beeinflussen würden.

Es wäre großartig, entfernte Länder und Kontinente wie Indien, Europa, Israel und Neuseeland zu besuchen. Ich habe schon immer den Taj Mahal im Vollmond sehen wollen. In Indien wohnen mehrere spirituelle Lehrer, die ich gerne besuchen würde. Es wäre phantastisch, in Neuseeland einen Gletscher zu besteigen.

Wenn ich mehr Geld hätte, könnte ich wunderbar für meinen Körper sorgen. Ich könnte gesünder und nahrhafter essen und mir mehr Zeit nehmen, mich auszuruhen, zu entspannen und zu meditieren. Wenn ich mich wirklich gut um meine physische Gesundheit kümmern könnte, wäre ich besser gerüstet, um die persönlichen Herausforderungen und Chancen, mit denen ich konfrontiert bin, zu bestehen und zu nutzen. Darüber hinaus wäre ich fähiger, anderen Menschen und dem Planeten etwas Wertvolles zu geben.

Wenn ich mehr Geld hätte, könnte ich meine Zeit und Energie in die Projekte und Anliegen stecken, die mir am meisten am Herzen liegen. Ich könnte die beiden Bücher zu Ende schreiben, über die ich nachgedacht habe, und damit möglicherweise mehr Menschen inspirieren. Ich würde mir nicht so viele Sorgen um Geld zu machen brauchen, so daß ich mehr Zeit für Helena (meine Partnerin) und für andere Menschen hätte, die ich liebe – und für Gott, in Momenten des Gebets und der Meditation.

Wenn ich reicher wäre, wäre ich selbstbewußter – nicht, weil mein Wert an meinen finanziellen Mitteln gemessen werden sollte, sondern weil mein Geld besser zum Ausdruck bringen würde, wer ich in dieser Welt bin. Es würde darauf hindeuten, daß ich bereit war, die Talente, die man mir geschenkt hat, zu nutzen, um etwas zum Wohl anderer beizutragen, aus meinen Fehlern zu lernen und mich nicht mit einem Leben der Mittelmäßigkeit abzufinden.

Dies ist eine Kurzfassung dessen, was ich ursprünglich schrieb, um Geld mit den Dingen in Verbindung zu bringen, die ich im Leben wahrhaft wertschätze. Ich schlage Ihnen vor,

einen ähnlichen kleinen Aufsatz zu schreiben. Wenn Sie nicht
genau wissen, was Sie gerne tun würden, wenn Sie mehr Geld
hätten, dann senden Sie die Botschaft aus, daß Sie für den Besitz von Geld noch nicht ganz bereit sind. Ich weiß, daß Sie
eigentlich keine Lust haben, Ihre Gedanken schriftlich festzuhalten, aber würden Sie für 1000 Mark einen kurzen Aufsatz schreiben? Wenn Ihre Antwort »Ja« lautet, dann kann
ich Ihnen versichern, daß der finanzielle und spirituelle Nutzen eines solchen kleinen Aufsatzes sehr viel mehr wert sein
wird als 1000 Mark. Je anschaulicher und detaillierter Ihre
Ausführungen sind, desto besser. Zu sagen, Sie würden gerne
reisen, ist schon ein Anfang, aber all die wunderbaren Land-
schaften zu beschreiben, die Sie gerne sehen würden, ist sehr
viel überzeugender.

Anstatt einen Aufsatz zu schreiben, können Sie auch einem Freund erzählen, wie mehr Geld Ihr Leben bereichern
würde. Auch in diesem Fall ist es wichtig, daß Sie genau ausführen, wie 10 000, 50 000 oder 500 000 zusätzliche Mark die
Qualität Ihres Lebens verbessern könnten. Wenn Sie diese
Gedanken laut aussprechen oder wenn Sie Ihren »Geldaufsatz« lesen, werden Sie besser motiviert sein, Ihre Geldträu-
me (und was damit zusammenhängt) zu realisieren. Wenn
Sie darüber hinaus einen genauen Plan aufstellen, wie Sie Ihr
Geld nutzen werden, sind Sie besser darauf eingestellt, es
klug zu verwalten, wenn es hereinkommt.

Wenn Sie bis über beide Ohren in einem dicken Berg von
Schulden stecken, werden Sie möglicherweise einen Teil davon mit dem zusätzlichen Geld, das Sie bald verdienen werden, abtragen. Achten Sie aber darauf, daß Sie immer einen
gewissen Prozentsatz Ihres Geldes verwenden, um Ihre Seele
zu nähren. Dadurch entwickeln Sie eine Offenheit, die es
dem spirituellen und dem weltlichen Teil Ihrer selbst ermög-

licht, kooperativ auf ein gemeinsames Ziel hinzuarbeiten. Wenn unser Verstand und unser Herz in völliger Harmonie arbeiten, dann scheinen auf magische Weise Wunder, Synchronizitäten und angenehme Gelegenheiten, Geld zu verdienen, in unser Leben zu treten.

Gib den Dollar weiter

In meinen *Real-Wealth*-Seminaren spiele ich immer ein kleines Spiel, das ich »Gib den Dollar weiter« nenne. Das Spiel, das einem zu einer wichtigen Einsicht verhilft, verläuft nach folgenden Regeln:

1. Nehmen Sie die Menge Geld aus Ihrem Portemonnaie, die Sie einzusetzen bereit sind – um sie zu verlieren oder um zu gewinnen.

2. Wenn ich »los« sage, haben Sie vier Minuten, um anderen – so oft Sie wollen – Geld zu geben oder von ihnen etwas zu bekommen. Sie müssen das Geld, das Sie augenblicklich in der Hand halten, wenigstens einmal weitergeben.

3. Wenn die vier Minuten verstrichen sind, sage ich »stopp«, und das, was Sie dann in den Händen halten, gehört Ihnen.

Daß die Regeln nicht völlig klar sind, ist beabsichtigt. Wie im wirklichen Leben ist es nicht völlig klar, wie man das »Gib-den-Dollar-weiter«-Spiel spielt und »gewinnt«. Da die Regeln ein wenig nebulös sind, neigen die Leute dazu, an dieses Spiel in genau derselben Weise heranzugehen wie an das Geld, mit dem sie es in ihrem wirklichen Leben zu tun haben. Ich weigere mich immer, Fragen zu beantworten, deshalb sind die Teilnehmer gezwungen, ein Spiel zu spielen, dessen Regeln sie nicht genau kennen. Nachdem ich erklärt habe, daß ich keine Fragen beantworte, fängt das Spiel sofort an.

Wenn die Leute mit dem Spiel beginnen, mache ich ebenfalls mit. Nachdem ich meinen Dollar weggegeben und gewöhnlich einen oder fünf Dollar dafür zurückbekommen habe, frage ich mehrere Leute, ob ich das Geld haben kann, das sie in den Händen halten. Normalerweise sagen sie ja. Danach fahre ich fort, ihr Geld zu nehmen, ohne ihnen etwas dafür zuruckzugeben. Gelegentlich protestiert jemand und sagt: »Hey, ich möchte etwas dafür zuruckhaben!« Wenn der Betreffende dies sagt, gebe ich ihm einen Dollar, wende mich dann dem nächsten zu und mache dasselbe noch einmal. Nachdem die vier Minuten verstrichen sind, habe ich gewöhnlich etwa 90 Dollar zusammen, und die meisten Leute im Seminar stehen mit leeren Händen da.

Dann bitte ich die Teilnehmer, nachzuzählen, wieviel Geld sie haben, und, wenn es weniger ist als am Anfang des Spiels, den Grund dafür zu erklären. Gewöhnlich erhebt sich lauter Protest von Leuten, die sich beschweren, ich hätte ein unfaires Spiel gespielt, weil ich fast das ganze Geld besitze. Ich habe dieses Spiel schon viele Male gespielt und dabei beobachtet, daß sich die Teilnehmer mit derselben Entschuldigung für den Verlust des Geldes im Spiel rechtfertigen, die sie sich dafür zurechtgelegt haben, daß sie in ihren Leben wenig verdienen. Während sie ihre Entschuldigungen herausschreien (»Ich verstehe die Regeln nicht!« »Dieses Spiel ist nicht fair!«), weise ich sie darauf hin, daß ich nach genau denselben Regeln gespielt habe. Ich habe zuletzt am meisten Geld, weil ich das Spiel spiele, *um zu gewinnen* – und nicht, um einen guten Eindruck zu erwecken, Peinlichkeiten zu vermeiden oder um mich nicht unbeliebt zu machen. Leider lassen sich die meisten Menschen in einer Situation, in der die Regeln nicht völlig klar sind, von Furcht leiten. Sie verlieren den Kontakt mit ihren eigenen Zielen, Prinzipien und Werten und bemühen sich statt dessen krampfhaft, Fehler zu vermeiden.

Natürlich werde ich jetzt mit der Kritik bombardiert, daß ich gierig und selbstsüchtig sei. Dies ist der Moment, in dem ich den Teilnehmern sage, was ich mit dem Geld vorhabe: Ich werde *alles* nach Indien schicken, damit es hungernden Kindern zugute kommt. Danach hören die Leute gewöhnlich auf zu protestieren. Und dann erkläre ich ihnen, daß ich das Spiel so aggressiv spielte, weil ich *wußte,* daß jeder Dollar, den ich sammelte, ein hungerndes Kind drei Tage lang ernähren würde. Ich spiele, um zu gewinnen und weil ich das Gefühl habe, daß ich des Geldes, das ich bekomme, würdig bin. Ich weiß, daß es einem guten Zweck dient. Ich habe herausgefunden, daß die Menschen tendenziell um so mehr Geld verdienen, je deutlicher sie sich bewußt sind, welchen Sinn das Geld in ihrem Leben hat. Ihr persönliches Anliegen wird wichtiger als das Bemühen, Fehler zu vermeiden, oder die Angst vor Kritik.

Haben Sie ein Anliegen, das Ihren kämpferischen Einsatz wert ist? Wenn nicht, dann wird Ihr Geld Ihnen durch die Hände rinnen und in die wartenden Arme von jemandem fließen, der ein Anliegen *hat,* an das er glaubt. Deshalb ist es so wichtig, daß Sie Ihren Geldaufsatz schreiben oder einem Freund Ihre Träume mitteilen. In meinen *Real-Wealth*-Seminaren habe ich herausgefunden, daß die meisten Menschen

24

ganz einfach nicht das Gefühl haben, des Geldes würdig zu sein, das sie bekommen. Deshalb sind sie blockiert, wenn es darum geht, mehr zu verdienen. Wofür auch immer Sie Ihr Geld ausgeben wollen, Sie müssen unbedingt daran glauben, daß die Ausgabe legitim und im Einklang mit Gottes Willen ist. Wenn Sie davon nicht so ganz überzeugt sind, müssen Sie das Geld für Projekte verwenden, die für Sie mehr Sinn und Bedeutung haben. Wenn Sie dieses Konzept wirklich verstanden haben, werden Sie erstaunt sein, wieviel mehr Geld Sie am Ende in der Tasche haben.

Statement zum Sinn Ihres Geldes

In einer alten Legende heißt es, daß in den Tagen, als der Petersdom gebaut wurde, ein Schriftgelehrter aus einer nahe gelegenen Stadt herbeikam, um einige der Männer zu befragen, die jene gewaltige Kathedrale bauten. Er sah drei Maurer, die hart arbeiteten, und fragte jeden von ihnen, was er tue. Der erste antwortete ärgerlich: »Kannst du nicht sehen, was ich tue? Ich lege diesen Lehm in diese Zementkellen, trage ihn dort hinüber und verstreiche ihn dann auf jener Mauer, wenn sie trocken ist.«

Der Schriftgelehrte fragte den zweiten Maurer, was er vorhabe, und dieser antwortete: »Ich baue eine Mauer, damit ich meine wunderbare Frau und zwei hübsche Töchter ernähren kann.« Schließlich fragte der Schriftgelehrte den dritten Maurer, welches seine Aufgabe sei, und dieser berichtete mit strahlendem Gesicht: »Ich habe die große Ehre, für meine Mitarbeit am Bau der großartigsten Kathedrale aller Zeiten bezahlt zu werden. Mit jedem Backstein, den ich lege, arbeite ich an der Errichtung dieses wunderbaren Gebäudes, das

Millionen von Menschen helfen wird, ihre Verbundenheit mit dem Herrn des Universums zu spüren! Mit dem Geld, das ich verdiene, kann ich helfen, die Liebe Gottes auf meine Familie, meine Freunde und alle Menschen, denen ich begegne, zu lenken.« Welcher dieser drei Maurer hatte wohl am meisten Freude an seiner Arbeit? Und wer leistete die beste Arbeit? Sich des höheren Sinnes Ihrer Arbeit und der Aufgabe des Geldes in Ihrem Leben bewußt zu sein hat klare Vorteile.

Da wir alle während unseres Lebens in der materiellen Welt unser eigentliches Ziel leicht aus dem Auge verlieren, halte ich es für hilfreich, hier kurz festzuhalten, wie Geld Ihr spirituelles Wachstum fördert. In der obigen Geschichte war der Maurer Nr. 3 fähig, in 72 Worten zum Ausdruck zu bringen, warum seine Arbeit wichtig sei und warum ihm sein Lohn zustehe. Ein solches »Statement zum Sinn Ihres Geldes« kann dabei helfen, Ihnen während Ihres Arbeitstages den richtigen Weg zu weisen. Ein Geld-Statement ist einfach eine Kurzfassung dessen, was Sie in Ihrem Geldaufsatz geschrieben haben. Wenn Sie sich Ihr Geld-Statement ins Bewußtsein rufen, dann wird Ihnen das helfen, wieder auf die richtige Spur zu kommen, wenn Sie sich verlaufen haben. Wenn ich eine Kaufentscheidung zu treffen habe, rufe ich mir manchmal mein Geld-Statement ins Gedächtnis und prüfe, ob die Entscheidung damit »konform« ist. Nachdem Sie meinen Geldaufsatz gelesen haben, werden Sie leicht erkennen, wie mein Geld-Statement all das in einem einfachen Satz zum Ausdruck bringt:

»Ich benutze Geld, um Zugang zu den besten Informationen, der besten Gesundheitsfürsorge und den besten spirituellen Ressourcen zu bekommen, damit ich mir selbst

und anderen helfen kann, auf tüchtigere und liebevollere Weise diese Welt zu einem besseren Ort zu machen.«

Sie werden möglicherweise ein wenig Zeit brauchen, bis Ihr Geld-Statement genau richtig klingt – aber diese Zeit ist gut investiert. Das Statement kann zu einer hilfreichen Affirmation für Ihr Bewußtsein werden, indem es Sie daran erinnert, warum Sie des Geldes würdig sind und wie Sie es benutzen können, um Ihre Seele zu nähren. Neben mein Geld-Statement, das ich an eine Stelle gehängt habe, wo ich es jeden Tag sehen kann, habe ich ein Photo geheftet, das mich auf sehr kraftvolle Weise an den Zweck meines Geldes erinnert. Das Bild zeigt die hungernden Kinder, für deren Ernährung ich mich einsetze. Manchmal habe ich keine Lust, die Geschäftsanrufe zu machen, die ich machen sollte, aber das Bild bewirkt, daß ich meinen inneren Widerstand überwinde. Welches Bild könnten Sie benutzen, um sich daran zu erinnern, daß das Streben nach Geld mit dem verbunden ist, was Ihnen in Wahrheit am wichtigsten ist? Je mehr Sie Geld mit einem sinnvollen Konzept in Zusammenhang bringen, desto leichter wird es für Sie sein, dauerhaften Reichtum zu schaffen – und zu nutzen, um Ihre Seele zu nähren.

Der wunderbare Weg zu Reichtümern

Menschen möchten Geld haben, um Dinge zu kaufen, die bewirken, daß sie sich besser fühlen. Mit anderen Worten, Geld ist einfach eine indirekte Art, angenehme Gefühle zu kaufen. Ein Mann, der sich einen Rolls-Royce kauft, möchte ein Gefühl des Stolzes haben, und er möchte sich respektiert und sicher fühlen. Ein Mensch, der in einen James-Bond-Film geht, »kauft sich« die Gefühle von Aufregung und Abenteuer. Diese guten Gefühle sind normalerweise nur von kurzer Dauer. In unserem Kulturkreis hat man uns suggeriert, daß uns ein Luxuswagen das Gefühl der Sicherheit wirkungsvoller vermittelt als eine tiefe Erfahrung Gottes. Gehen wir mit dem Geld spirituell um, so nutzen wir es, um ein friedlicherer, liebevollerer und fröhlicherer Mensch zu werden. Das führt zwar nicht zu dem »sofortigen Hochgefühl«, das sich durch den Kauf von ein paar neuen Kleidern oder einem Haushaltsgerät einstellt, aber es führt letztlich zu einer tieferen Erfahrung dessen, was wir wirklich wertschätzen.

Ich glaube, »wahrer Reichtum« bedeutet, daß die Menschen in ihrem Leben nur sehr wenig unter Sorgen oder Frustration leiden und statt dessen eine Menge Freude, Liebe, Frieden und Freiheit spüren. Zwar kann man Geld benutzen, um sich spirituell zu entwickeln, aber das ist nicht so wichtig, wie man uns manchmal suggeriert. Die meisten Menschen würden mir zustimmen, daß Jesus und Buddha wahren Reichtum kannten, aber fast ohne Geld auskamen. Die wichtigsten Dinge im Leben sind im Herzen des Menschen bereits vorhanden. Je deutlicher wir uns bewußtmachen, was im Leben wirklich wichtig ist, und je mehr wir aus dem Frieden und der Liebe in uns selbst schöpfen, desto »reicher« werden wir.

Wie ich schon sagte, lebte ich drei Jahre lang in einem Lieferwagen. Während dieser Zeit arbeitete ich ein paar Stunden in der Woche und verdiente im Monat etwa 300 Dollar. Da ich nur sehr wenige Ausgaben hatte, konnte ich etwa 150 Dollar im Monat sparen, und ich hatte das Gefühl, eine Menge Geld zu besitzen. Immerhin sparte ich die Hälfte meines Einkommens. Anstatt eine Menge Geld für technische Spielereien und Unterhaltung auszugeben, hatte ich viel

Spaß am Sport, am Lesen und Meditieren. Als ich mich eines Tages im Bad der Sporthalle entspannte, lamentierte ein Mann darüber, daß er mit 40 000 Dollar nicht über die Runden komme. Da mein Jahreseinkommen zu der Zeit weniger als 3600 Dollar betrug, kam mir dies zunächst unglaublich vor. Aber er hatte offensichtlich großen Kummer, deshalb hörte ich ihm mitfühlend zu. Er klagte über die Hypothek auf seinem Haus, über seine Steuern und die gewaltigen Ratenzahlungen, die er für verschiedene Dinge aufbringen mußte. Ich empfand wirklich Mitgefühl für ihn, bis er sagte: »Wissen Sie, mit 40 000 Dollar *im Monat* kann man heutzutage einfach nicht mehr über die Runden kommen.«

An jenem Tag lernte ich eine wertvolle Lektion. Ich verstand, daß es keine Rolle spielt, wieviel Geld man verdient, wenn man nicht weiß, wie man es benutzen soll, um seine Seele zu nähren. Ich lernte außerdem, daß eine Beschränkung der Wünsche und ein Verzicht auf Luxus auch ein Weg zum Reichtum sein kann. Ich kenne mehrere spirituell entwickelte Menschen, die es geschafft haben, sich aus dem Arbeitsleben zurückzuziehen, bevor sie 40 wurden. Sie alle haben dieselbe »Geheim«-Methode angewandt. Zunächst brachten sie, wie ich zu Anfang dieses Kapitels erklärte, Geld mit dem in Zusammenhang, was sie wirklich wertschätzten. Und dann, während das Geld ihnen zufloß, fuhren sie fort, ein einfaches Leben zu führen. Sie lernten, Liebe, Freude und Frieden zu empfinden, ohne teure Gegenstände kaufen zu müssen oder in einem extravaganten Haus zu leben. Da sie nur wenige Bedürfnisse hatten, konnten sie eine Menge Geld sparen. Das Geld, das sie nicht brauchten, investierten sie, und so waren sie schließlich in der Lage, von dem Einkommen aus jenen Investitionen zu leben.

Flexibilität in der Frage, wie wir zu dem kommen, was wir

wollen, ist bei unserem Streben nach Reichtum enorm wertvoll. Beispielsweise müssen einige Menschen um ihres Seelenfriedens willen ein Haus auf dem Lande kaufen, einen langen Urlaub machen oder eine Million Dollar auf der Bank haben. Ein bescheidenerer oder spirituell weiter entwickelter Mensch schließt einfach seine Augen und meditiert. Gewiß können sowohl ein Landhaus als auch ein Tag der Meditation zu innerem Frieden führen, aber ein Tag der Meditation kostet bedeutend weniger. Fragen Sie sich deshalb, bevor Sie teuer einkaufen, ob es eine weniger teure Möglichkeit gibt, um das Gefühl zu spüren, das Sie sich wünschen. Die Entwicklung der Fähigkeit, Liebe, Frieden und Freude in den kleinen Momenten des Lebens zu finden, kann Ihnen große Ausgaben ersparen.

Damit Sie bekommen, was Sie wollen, müssen Sie nicht nur Kontrolle darüber gewinnen, wie Sie Ihr Geld ausgeben, sondern auch darüber, wie Sie Ihre Zeit verbringen. Seit einigen Jahren leiden viele Menschen unter einer neuen Form der Armut – dem Gefühl, niemals genug Zeit zu haben. »Zeitarmut« gleicht dem Zustand, nicht genügend Geld zu haben. Sie stellt sich vor allem dann ein, wenn Sie Ihre Zeit mit Tätigkeiten verbringen, die nicht wirklich befriedigend sind. Die Vergeudung von Geld oder Zeit auf oberflächliche Weise schafft letztlich ein Gefühl der Leere.

Zu Anfang des Kapitels bat ich Sie, eine Liste der Aktivitäten aufzustellen, die Ihnen wichtig sind. Diese Liste sollte Sie immer wieder daran erinnern, Ihr Geld weise auszugeben; Sie können sie aber auch benutzen, um zu überprüfen, ob Sie Ihre Zeit mit Aktivitäten verbringen, die Ihnen wirklich am Herzen liegen.

Wir kennen alle das Motto »Zeit ist Geld«. Sie können sehr rasch reicher werden als die meisten Millionäre, bloß indem sorgfältig mit Ihrer Zeit umgehen. Nach meiner Meinung sind Menschen, die wenig Geld haben, aber sorgfältig mit ihrer Zeit umgehen, reicher als jene, die viel Geld haben aber wenig Zeit, um das Leben zu genießen. Wenn unser Umgang mit der Zeit nicht dem entspricht, was wir im Leben wertschätzen, werden wir arm im Geiste und unglücklich. Und umgekehrt werden wir um so reicher, je mehr Zeit wir mit sinnvollen Aktivitäten verbringen. Ich habe an mir selber beobachtet, daß es mir häufig unerwartete Vorteile einbrachte, wenn ich meine Zeit klug nutzte. Ich gebe dann erstens unweigerlich weniger Geld aus, weil ich mich zufriedener fühle. Und zweitens bin ich empfänglicher für Ideen, die ich später in Projekte umsetzen kann, die Geld einbringen!

Die alternativen Wege zum Reichtum stehen ganz besonders den Menschen offen, die spirituell auf der Suche sind. Um eine tiefere Verbindung zu unserer Seele herzustellen, müssen wir lernen, das Einfache zu genießen. Wenn wir uns Gott, der Natur und dem Geben und Empfangen von Liebe widmen, um uns so zu fühlen, wie wir uns fühlen wollen, brauchen wir nicht mehr so viel Geld wie zuvor. Wenn Geld oder Aufträge nur langsam hereinkommen, können wir unsere Zeit nutzen, um andere wichtige Ziele zu verfolgen, und uns dennoch zufrieden fühlen, weil wir Zugang zu der Freude haben, die in uns ist. Und wenn Geld uns leicht zufließt, dürfen wir sicher sein, daß wir es nutzen können, um unsere Seele zu nähren. Wenn wir unserem spirituellen Weg treu bleiben und Geld im Einklang mit den Wünschen unseres Herzens nutzen, ist uns wahrer Reichtum praktisch gewiß.

Gedächtnisstützen: wahrer Reichtum

1. Richtig genutzt, kann Geld Ihre spirituelle Entwicklung beschleunigen und Ihnen helfen, ein liebevollerer und großzügigerer Mensch zu werden.

2. Schreiben Sie auf, was Ihnen in Ihrem Leben am wichtigsten ist, und führen Sie aus, wie Ihnen zusätzliches Geld helfen kann, diese Ziele zu erreichen. Das wird Sie motivieren, Reichtum zu schaffen, und Ihnen das Gefühl geben, des Geldes würdig zu sein. Indem Sie ein »Statement zum Sinn meines Geldes« schreiben, halten Sie sich vor Augen, wie Geld dazu dienen kann, Ihr spirituelles Wachstum zu fördern.

3. Zu Reichtum gelangen Sie am schnellsten, indem Sie Ihre Zeit und Ihr Geld weise nutzen und zugleich lernen, Ihre Bedürfnisse herunterzuschrauben. Wenn Sie zu der Liebe, dem Frieden und der Freude in Ihrem Herzen Zugang finden, werden Sie mit wenig Geld auskommen – und dabei wahrhaft reich sein.

2. Kapitel

Die Alchemie des Geldes

> *»Wo dein Schatz ist, da ist auch dein Herz.«*
> MATTHÄUS 6, 21

Im Mittelalter versuchten die Alchemisten, Blei in Gold zu verwandeln. Ursprünglich hatte es sich die Alchemie zum Ziel gesetzt, die niedere Natur und die niederen Bedürfnisse des Menschen in spirituelle Qualitäten wie Liebe, Großzügigkeit und inneren Frieden zu verwandeln. Das vorige Kapitel handelte davon, wie wichtig es ist, Geld mit dem in Zusammenhang zu bringen, was Sie wirklich wertschätzen. In gewisser Weise ist dies eine Form von Alchemie: die Verwandlung der »niederen« Assoziationen in Zusammenhang mit Geld in eine spirituelle Vision davon, wie man Geld nutzen kann. Wenn Menschen in diesen alchemistischen Prozeß eintreten, lernen sie, Geld zu benutzen, um ihre Seele zu nähren.

Der nächste Schritt in der Alchemie des Geldes besteht darin, sich anzuschauen, wie das Streben nach Reichtum Ihre Beziehung zu Gott *blockieren* kann. Wenn Sie sich klarmachen, wie Geld Ihre Seele korrumpieren kann, können Sie die häufigsten Fehler vermeiden, die Menschen in ihrem Streben nach Reichtum machen. Ein entscheidender Schritt, um auf dem richtigen Weg zu bleiben, ist das Erstellen einer »Landkarte« der verschiedenen Möglichkeiten, wie Menschen beim

Streben nach Reichtum in ihrer niederen Natur steckenbleiben. Die Landkarte der »Geldfallen«, die ich Ihnen in diesem Kapitel unterbreite, kann Ihnen helfen, leichter und rascher zu erkennen, wann Sie vom Wege abgekommen sind.

Als ich mir Menschen anschaute, die viel Geld haben, entdeckte ich sehr bald, daß es *fünf* spezifische Möglichkeiten gibt, wie Reichtum die eigene spirituelle Verbundenheit behindern kann. Zwar bin ich selbst ebenfalls gelegentlich in diese Geldfallen hineingestolpert, aber die Tatsache, daß ich mir dessen bewußt war, hat mir geholfen, mich rasch wieder daraus zu befreien. Ich habe zudem entdeckt, daß es zu jeder Geldfalle eine »spirituelle« Alternative gibt, wie man in der materiellen Welt leben kann.

Das Streben nach Geld oder Erfolg kann wie ein »reinigendes Feuer« sein. *Zunächst* wird dadurch unsere niedere Natur zum Vorschein gebracht, mit zunehmendem Reichtum vielleicht immer mehr. Haben wir dies erkannt, eröffnet sich uns die Möglichkeit, den Reichtum so zu nutzen, daß er uns *magisch* zu unserer höheren Natur *hinführt*. Das ist die Kunst der Geldalchemie. In Geldfallen zu geraten ist völlig in Ordnung. Erst indem wir unsere Schattenseite kennenlernen, haben wir die Chance, sie zu heilen oder zu transzendieren. Deshalb werde ich bei jeder der fünf Geldfallen, die ich beschreibe, erörtern, wie man leicht mit dem Gegenmittel in Kontakt kommt, so daß man seine niederen Bedürfnisse in eine spirituelle Erfahrung verwandeln kann. Wenn Sie sich beim Umgang mit Ihrem Geld auf diese spirituellen Wege konzentrieren, werden Sie entdecken, daß Sie sich freier und liebevoller fühlen und daß Sie enger mit Gott verbunden sind. Mit dem richtigen Bewußtsein kann finanzieller Erfolg ein Hilfsmittel für spirituelles Wachstum sein – eine moderne Form des Yoga!

Falle 1: Nie genug

Eine der häufigsten Formen des sinnlosen Abstrampelns in der Tretmühle des Geldes ist die fixe Vorstellung, niemals genug zu haben. Wenn das Geld, das Sie gegenwärtig besitzen, auf magische Weise in Ihren Körper eingehen und mit Ihnen reden könnte – was würde es sagen? Wenn Sie so sind wie die meisten Menschen, würde es wahrscheinlich etwa Folgendes zu bedenken geben: »Du weißt mich nie wirklich zu schätzen. Du beklagst dich ununterbrochen darüber, daß ich nie ausreiche. Du machst dir ständig Sorgen, wie ich dich in Zukunft enttäuschen oder ganz und gar im Stich lassen könnte. Ich habe nicht das Gefühl, daß du mir vertraust. Und das in Anbetracht all dessen, was ich für dich tue! Ich beschaffe dir ständig Dinge, beschütze dich, unterhalte dich und erleichtere dir das Leben – aber bekomme ich jemals ein herzliches Dankeschön? Nein!!!« Wenn die Beziehung zu unserem Partner so wäre wie unsere Beziehung zum Geld, dann hätte er bestimmt keine Lust, bei uns zu bleiben!

Ich habe mir diese metaphorische Schilderung ausgedacht, um zu zeigen, warum so viele Menschen das Gefühl haben, niemals genug zu haben – selbst wenn sie Millionen besitzen. Stellen Sie sich vor, Sie versuchten, eine riesige Schale zu füllen; aber sie können noch so viel in die Schale hineinlegen, sie wird niemals voll. Sie legen einen Mercedes in die Schale, ein neues Haus, ein Boot, aber sie scheint nie länger voll zu sein als ein paar Minuten. Die Schale kann niemals voll werden, denn sie hat ein Loch im Boden! Alles, was Sie hineinlegen – es fällt sofort wieder heraus. Sehr bald ist sie wieder völlig leer.

Die Schale ist das Symbol für Ihre Wünsche. Um uns dazu anzustacheln, die Schale immer wieder zu füllen, reden uns die Werbespots im Fernsehen immer wieder ein, *wir müßten nur* … (Sie können die Lücke beliebig füllen) *besitzen, dann* wäre unser Leben endlich *erfüllt.* Aber da die Schale am Boden ein riesiges Loch hat, stellt sich niemals ein Gefühl der Zufriedenheit ein. Wenn die Menschen anfangen, die Symbole des materiellen Erfolgs zu erwerben, schlägt dies manchmal sogar ein noch größeres Leck in die Schale der Wünsche. So beginnt der endlose Teufelskreis des Gefühls, niemals genug zu haben.

Kürzlich spürte ich dieses Dilemma sehr deutlich, und nur mein Problembewußtsein half mir, aus der Tretmühle auszusteigen. Innerhalb eines einzigen Monats trat ich in der Talkshow *Oprah,* im Fernsehsender *CNN* und in der größten Radioshow der Welt auf, um über mein Buch *The Little Book of Big Questions* zu reden. Eine Woche nach der *Oprah-Show* rief ich meinen Verleger an, um mich zu erkundigen, wie der Verkauf meines Buches lief. Der Mann, mit dem ich redete, sagte, es stehe auf der Bestsellerliste und es seien in der vorangegangenen Woche mehr als 90 000 Exemplare davon verkauft worden. Da mir jedes Buch über einen Dollar Gewinn einbrachte, dachte ich, ich hätte ungefähr 100 000 Dollar verdient und es stünde mir noch eine Menge mehr Geld in Aussicht! Ich verlor völlig den Boden unter den Füßen. Ich begann, an all die Dinge zu denken, die ich aufgrund dieses unverhofften Gewinns kaufen könnte. Es ist mir peinlich, es zuzugeben, aber ich begann sogar zu denken: *Wenn ich nur 50 000 Dollar mehr hätte, dann könnte ich* wirklich *so leben, wie ich es mir immer gewünscht habe.* Anstatt mir zu mehr innerem Frieden zu verhelfen, bewirkte dieses zusätzliche Geld, daß das Gefühl »Es ist nicht genug« immer stärker wurde.

Aber wie sich dann zeigte, war die Information falsch.

Nach meinem Auftreten in der *Oprah*-Show waren statt 90 000 Exemplaren tatsächlich nur 9000 Exemplare verkauft worden. In weniger als einer Minute hatte ich über 80 000 Dollar verloren! Ich legte den Hörer auf und nahm die Erkenntnis in mich auf, daß all das, was ich mit diesem Geld zu tun geplant hatte, sich jetzt nicht realisieren lassen würde. Ich lachte über mich selbst, daß ich mir so intensiv den Kopf darüber zerbrochen hatte, was ich mit dem Geld tun würde, das ich nicht erhalten würde. Und ich begann, Dankbarkeit für die Lektion zu empfinden, die mir erteilt worden war. Jetzt wurde mir bewußt, wieviel Glück ich doch hatte, und ich begann, mich enorm reich zu fühlen. Ich lachte über die Ironie, daß man mir gesagt hatte, ich hätte 80 000 Dollar weniger, als ich zu haben meinte, während ich mich zugleich reicher fühlte als vorher.

Das Gegenmittel: Dankbarkeit

Die Fähigkeit, Dankbarkeit für das zu empfinden, was Sie im Augenblick haben, kann das Loch im Boden Ihrer Schale der endlosen Wünsche stopfen. Die Gewohnheit, für die materiellen Dinge in unserem Leben dankbar zu sein, schafft eine völlig neue Energie und Erfahrung. Häufig streben Menschen jahrelang danach, Geld anzuhäufen, um ein paar Augenblicke lang das Gefühl zu haben, sie hätten genug. Wenn wir aber üben, dankbar zu sein, haben wir sehr viel früher das Gefühl, reich zu sein, als wenn wir einen »Werde-reich-in-dreißig-Tagen-Plan« befolgen. Schließlich sind Sie, wenn Sie für das dankbar sind, was Sie im Augenblick haben, auf der Stelle reich! Wenn Sie jedoch Millionen haben und diese nicht zu schätzen wissen, dann sind Sie arm.

Vielleicht denken Sie, es wäre leicht, Dankbarkeit zu empfinden, wenn Sie nur ein wenig mehr Geld hätten. Wenn nur, wenn nur – der Fluch des modernen Denkens. In einer in jüngster Zeit durchgeführten Studie wurde eine Gruppe reicher, wohlhabender und armer Leute gefragt, wieviel Geld für sie *genug* wäre. Selbst die reichen Leute antworteten, daß Sie im Augenblick nicht genug Geld hätten, daß es aber ausreichen würde, wenn sie nur etwas mehr besäßen.

Wenn Sie ein Auto besitzen, gehören Sie automatisch zu den 7 Prozent der reichsten Menschen auf dieser Welt. Wenn Sie dafür nicht schon jetzt dankbar sind, wären Sie es wohl auch nicht, wenn Sie sich in die obersten zwei Prozent einordnen könnten. In Wahrheit leben Sie und ich heute besser als vor nur hundert Jahren *Könige!* Wir haben das Glück, in den Supermarkt gehen und dort unter 20 000 Lebensmitteln auswählen zu können! Wir haben das Glück, daß uns preiswerte Möglichkeiten offenstehen, Musik zu genießen, Bücher zu lesen, uns unterhalten zu lassen, mit Leuten am Telefon zu reden und sogar in ferne Länder zu reisen. Es gibt viel, wofür wir allen Grund zur Dankbarkeit haben – vorausgesetzt, wir fallen nicht in die Grube des »Wenn nur …«-Denkens hinein.

Das Einüben der Dankbarkeit beginnt damit, daß Sie das wertschätzen, was Sie im Augenblick haben – selbst wenn es Ihnen in einem Teil Ihrer Persönlichkeit nicht gefällt. Das Gefühl der Dankbarkeit wird Ihnen helfen, zu einem Magneten für Geld zu werden. Würden nicht auch Sie selbst Ihr Geld lieber jemandem geben, der dafür dankbar ist, als jemandem, der ständig klagt, daß das, was Sie ihm schenken, nicht ausreicht? Wenn Sie sich in Dankbarkeit üben und so das Gefühl haben, reich zu sein, fangen Sie an, zu einem Teil des »großen Geldflusses« zu werden. In der materiellen Welt ziehen sich jene Energien an, die einander ähnlich sind. Wenn Sie das Gefühl haben, Sie hätten nicht genug, dann halten Sie den Reichtum von sich fern. Wenn Sie jedoch das Gefühl des Überflusses und der Dankbarkeit haben, dann erleichtern Sie es dem Geld, in Ihre Richtung zu fließen.

In meinem Kampf mit der »Nie-genug-Falle« eignete ich mir einige Methoden an, die mir auf der Stelle halfen, meine Gefühle von Mangel in Gefühle des Überflusses und der Dankbarkeit zu verwandeln. Meine Lieblingsmethode ist vielleicht die einfachste: Immer, wenn ich mich dabei ertappe, daß ich denke, ich hätte nicht genug, stelle ich mir die Frage: »Wofür kann ich dankbar sein?« Als ich mit dieser Übung begann, reagierte ich zunächst nur rein verstandesmäßig. Nach einiger Zeit war ich jedoch fähig, mich auf das tatsächliche *Gefühl* der tiefen Dankbarkeit für die vielen wunderbaren Dinge in meinem Leben einzulassen. Dankbarkeit ist wie ein Muskel, der trainiert werden muß. Je mehr ich über diese Frage meditierte, desto leichter fiel es mir, mich wahrhaft dankbar zu fühlen.

Meine zweite Methode besteht darin, mich mit Menschen zu vergleichen, die weniger Glück haben als ich. Als ich den Autounfall hatte, der zu meiner Nahtoderfahrung führte, fragte ich mich, ob ich nun gelähmt sei. Als meine Hände und Füße auf meine gedanklichen Befehle reagierten, war ich von Dankbarkeit überwältigt. Noch heute nehme ich mir jeden Tag ein wenig Zeit, um meine Dankbarkeit dafür zu spüren, daß ich meine Gliedmaßen gebrauchen kann.

Für welche Wohltaten und Segnungen in Ihrem Leben können Sie sich dankbar fühlen? Nehmen Sie sich jetzt eine Minute Zeit, und danken Sie aufrichtig dem Universum oder Gott. Mit ein wenig Übung können Sie die Goldquelle der Dankbarkeit im Handumdrehen anzapfen … Reichtümer auf die Schnelle – und Sie brauchen dafür noch nicht einmal von Ihrer Couch aufzustehen!

Ein dritter und letzter Weg, Dankbarkeit zum Ausdruck zu bringen, besteht darin, daß Sie sich mit Worten für die vielen Segnungen in Ihrem Leben bedanken, z. B. indem Sie vor einer Mahlzeit einen Segen sprechen. Es gilt jedoch nicht nur für das Essen. Wir können uns aufrichtig dafür bedanken, daß wir gesund aufwachen, sicher von einer Reise zurückkehren, uns von einer guten Fernsehshow unterhalten lassen – einfach für alles. Diese einfache Methode kann Ihnen das Gefühl geben, reicher zu sein als ein Millionär. Wenn Sie sich in Dankbarkeit üben, werden Sie die Nie-genug-Falle umgehen; Sie werden die wahre Alchemie des Geldes meistern und sich innerer Reichtümer erfreuen.

Falle 2: Anhaftung

Eine zweite Dynamik der Geldalchemie ist die Fähigkeit, ohne Anhaftung an das jeweilige Ergebnis zu handeln. Eine der traditionellen Formen des Yoga nennt sich »Karma Yoga«; es ist der Weg des selbstlosen Dienens. Ziel des Karma Yoga ist es, in völliger Übereinstimmung mit dem Herzen zu handeln, anderen zu dienen, ohne sich an die Ergebnisse zu klammern. Wenn wir uns zu sehr an die Ergebnisse klammern, die wir uns wünschen, dann lassen wir es zu, daß Angst, Furcht und Sorge ihre häßlichen Häupter erheben. Unser Seelenfrieden ist beeinträchtigt. Wenn wir an unserem Geld und unserem Besitz haften, dann kann jede zusätzliche Mark sich wie eine noch bedrückendere Bürde auf unseren Schultern anfühlen. Und wenn wir uns allzu sehr auf die Ergebnisse, die wir erreichen wollen, fixieren, dann geht unsere Fähigkeit, auf Gottes Stimme zu lauschen, vorübergehend verloren.

Wollen wir die Anhaftung überwinden und die Fähigkeit des »Loslassens« entwickeln, so müssen wir uns vor Augen halten, daß Gott mehr an unserer *Qualität* als Mensch interessiert ist als an dem, was wir erreichen. Wenn wir in der Welt unsere Talente verwirklichen, beispielsweise indem wir eine Firma leiten oder eine hilfreiche Dienstleistung erbringen, sollten wir uns zum Ziel nehmen, fürsorglichere, tiefer mitfühlende und friedlichere Menschen zu werden. Die verstorbene Mutter Teresa faßte dies eindrucksvoll in die Worte: »Es geht nicht darum, *wieviel* wir geben, sondern wieviel Liebe wir in unsere Tat hineinlegen.« Für uns Menschen des Westens ist es extrem schwierig, in diesem Leben engagiert zu handeln und zugleich die Ergebnisse jener Handlungen Gott zu überantworten.

Als ich mein erstes Buch, *Bridges to Heaven,* schrieb, bekam ich eine wertvolle Lektion zum Thema »Anhaftung« und »Loslassen.« Ich hatte fast zwei Jahre lang an diesem Buch gearbeitet und eine Menge Zeit, Energie und Geld darauf verwandt, vierzig der bedeutendsten spirituellen Führer auf diesem Planeten zu interviewen. Nachdem ich Menschen wie Mutter Teresa, den Dalai-Lama, Ram Dass, Marianne Williamson, Louise Hay und Wayne Dyer gebeten hatte, ihre persönlichen Methoden zu verraten, mit Gott Verbindung aufzunehmen, versuchte ich, das Buch einem Verleger zu verkaufen. Zu meinem Erstaunen hatte ich kein Glück – und je weniger Glück ich hatte, desto stärker wurde meine Anhaftung an das Projekt. Obwohl ich das Buch aus dem tiefen Gefühl heraus begonnen hatte, Gott dadurch einen Dienst zu erweisen, begann das zerstörerische Feuer der Anhaftung in mir zu brennen.

Glücklicherweise half mir meine Partnerin Helena, meine selbst aufgebaute Hürde zu überwinden. Während sie und ich mitten in einer riesigen Wüstenlandschaft zelteten, quälte ich mich mit dem Gedanken, daß die ganze Energie, die ich in das Schreiben *meines* Buches investiert hatte, vergeudet sei. Helena hörte sich mein Klagelied an und schlug vor: »Warum läßt du nicht einfach los und überläßt das Buch für fünf Minuten dem Schicksal?« Dieser Gedanke war mir noch nie gekommen. Meine Einstellung war immer durch ein »Alles oder nichts« geprägt gewesen. Ich betete darum, meine Anhaftung und meine Sorgen für fünf Minuten loszulassen, und spürte bald ein wunderbares Gefühl der Erleichterung. Da ich mich so gut fühlte, beschloß ich, einen ganzen Monat lang »das Buch Gott zurückzugeben«. Wenn das Buch zu jenem Zeitpunkt noch immer keinen Verleger gefunden haben würde, dann, so dachte ich, könnte ich die Dinge wieder selbst in die Hand nehmen und fortfahren, mir darüber Sorgen zu machen.

Das Gegenmittel: Loslassen

Eine Woche nachdem ich aus der Wüste zurückgekehrt war, bekam ich einen Anruf von einem wunderbaren Verlag, der daran interessiert war, das Buch zu veröffentlichen. Ich nahm dies als ein Zeichen, daß es richtig gewesen war, das Buch Gott zurückzugeben, damit es Realität wurde. Wenn unsere Anhaftung an ein bestimmtes Ergebnis zu stark wird, dann blockiert dies den Fluß der Gnade. Indem wir zu wissen glauben, wie die Dinge sein sollen, geben wir Gott zu verstehen, wir wüßten, was am besten ist – und er solle sich gefälligst nicht in unser Leben einmischen. Wenn wir dagegen loslassen, wird ein »kosmischer Kreislauf« in Gang gesetzt, der es ermöglicht, daß sich Frieden einstellt und Wunder geschehen.

Ich möchte jedoch darauf hinweisen, daß Loslassen nicht Passivität bedeutet. Ebenso wenig gilt das Gegenteil: Anhaften ist nicht Aktivität. »Anhaften« oder »Loslassen« sind in Wahrheit innere Erfahrungen. Im Islam gibt es ein Sprichwort: »Vertraue Allah, aber binde dein Kamel an.« Allein die äußeren Aktivitäten eines Menschen lassen noch nicht darauf schließen, ob er loszulassen vermag oder nicht. Sie *fühlen* sich jedoch völlig unterschiedlich an. Anhaftung fühlt sich an wie Furcht vor der Zukunft und ein Zusammenschrumpfen des eigenen Seins. Es führt zu Sorge und Angst. Das Loslassen hingegen löst Gefühle des Friedens, der Offenheit und der Expansion aus.

Im euroamerikanischen Kulturkreis gibt es eine Menge Kurse und Bücher darüber, wie man seine Ziele erreicht. Wir haben aber nur sehr wenige Informationen darüber, wie man losläßt und sich Gottes Willen unterwirft. Glücklicherweise gibt es aber auch ein Wissen über das Loslassen und darüber, wie man die Dinge an Gott zurückgibt. Nach meiner Beobachtung sind drei Dinge besonders hilfreich, um die Kunst der Hingabe zu lernen.

Erstens: das Wissen um den *Wert* eines solchen Verhaltens. Wenn wir uns dem Schicksal anvertrauen oder die Dinge Gott zurückgeben, ist Frieden möglich. Wenn wir anhaften, sind wir nur dann glücklich, wenn wir genau das bekommen, was wir wollen – und was wir wollen, ist häufig auf Dauer nicht das Beste für uns oder andere. Die Einsicht, daß Anhaften nur Leiden verursacht, reicht häufig aus zur Erkenntnis, daß es Zeit ist loszulassen. Wenn ich mich dabei ertappe, daß ich mich auf ein bestimmtes Ergebnis fixiere, rufe ich mir den Schmerz ins Bewußtsein, den ich mir selbst bereite, wenn ich darauf bestehe, daß die Dinge so laufen, wie *ich* es mir vorstelle. Ich halte mir vor Augen, daß ich letztlich nicht weiß, was am besten für mich ist. Ich besinne mich auf mein Vertrauen darauf, daß der universale Plan intelligent ist.

Zweitens: Ein weiteres Hilfsmittel, um loszulassen, ist das *Gebet.* Genauer gesagt, ich bete, um von meiner Anhaftung an ein bestimmtes Ergebnis befreit zu werden. In einer faszinierenden Studie, die von der *Spindrift Organization* durchgeführt wurde, gab man den Menschen die Anweisung, auf unterschiedliche Weise zu beten, um den Pflanzen beim Wachsen zu helfen. Einige bekamen die Anweisung, zu beten, daß eine Gruppe Pflanzen groß, stark und gesund würde. Für eine andere Gruppe Pflanzen wurde nicht gebetet. Und für die dritte Gruppe Pflanzen beteten einige Leute nur: »Dein Wille geschehe.« Raten Sie einmal, welche Pflanzen am besten gediehen! Die Pflanzen, für die man mit dem Satz »Dein Wille geschehe« betete, wuchsen rascher und wurden größer und kräftiger als irgendeine Pflanze der anderen beiden Gruppen. Dies zeigt, daß in der Kunst der Hingabe eine große Kraft liegt. Es liegt die Kraft darin, die Dinge Gott zu überantworten, so daß die Energie des Schöpfers sich ohne die geringste Störung unsererseits manifestieren kann.

In meinen Gebeten der Hingabe rufe ich mir den Schmerz und die Angst ins Bewußtsein, die ich dadurch erleide, daß ich einem bestimmten Ergebnis allzu stark anhafte, und ich bitte darum, zu einem Instrument des göttlichen Willens zu werden. Wenn ich am Ende loslasse, bin ich häufig zu einer tiefen Ebene sei Friedens und der spirituellen Energie vorgedrungen. Es ist, als wäre eine Schleuse geöffnet worden, die es Gott ermöglicht, das Beste hervorzubringen. Ich habe entdeckt, daß die Bereitschaft, sich Gottes Willen zu unterwerfen und ihm die Dinge zurückzugeben, immer wieder geübt und neu erworben werden muß. Diese Bereitschaft hat man nicht ein für allemal gelernt, so daß man sie danach niemals wieder einzuüben brauchte.

Drittens: Der menschliche Verstand kann ziemlich hinterhältig sein. Auch wenn man Gott erst vor einer Stunde ein Projekt überantwortet hat, wird der Verstand häufig versuchen, die Dinge erneut unter Kontrolle zu bekommen, damit sie so laufen, wie er es will. Um dieser Tendenz entgegenzuwirken, habe ich eine dritte Methode entwickelt, die mir hilft, den Frieden der Hingabe zu erleben. Ich nenne sie »*Ausatmen-Loslassen*«. Immer wenn ich bemerke, daß ich anfange, mich zu verkrampfen und an den Dingen zu haften, atme ich sehr tief ein, halte den Atem für ungefähr fünf Sekunden an und atme mit einem lauten Seufzer aus. Während des Ausatmens denke ich: Dein Wille geschehe. Wenn ein Teil von mir darauf beharrt, über die Dinge zu bestimmen, muß ich diese einfache Übung zehnmal pro Tag machen.

Als ich diese einfachen Hilfsmittel des Loslassens lernte, fand ich heraus, daß ich fähig bin, größeren inneren Frieden zu empfinden und mich zugleich leidenschaftlich und aktiv in der Welt zu engagieren. Auch habe ich entdeckt, daß sich sehr viel häufiger wunderbare Ergebnisse einstellen, wenn ich in eine Partnerschaft mit dem Schöpfer des Universums eintrete.

Falle 3: Selbstsucht

Wenn unsere finanzielle Situation sich verbessert, tritt unsere selbstsüchtige Seite häufig deutlicher zutage. Wenn Sie nur

30 000 Mark pro Jahr verdienen, werden Sie Mühe haben, selbstsüchtig zu sein – da Sie all Ihr Geld zur Befriedigung Ihrer Grundbedürfnisse brauchen. Wenn Sie allerdings 150 000 Mark im Jahr verdienen, dann wird *offensichtlich*, wie Sie mit Ihrem frei verfügbaren Einkommen umgehen. Investieren Sie das »überflüssige« Geld in die Anschaffung eines Privatflugzeuges? Oder verwenden Sie es, um Ihre Seele zu nähren und ein großzügigerer Mensch zu sein? Gemäß der Alchemie des Geldes ist es unsere Aufgabe, unsere Selbstsucht und Gier in Freundlichkeit und Großzügigkeit zu verwandeln.

Um nicht selbst in die Falle der Selbstsucht hineinzutappen, habe ich versucht zu verstehen, warum so viele Menschen in ihr gefangen sind. Als ich selbstsüchtige Menschen beobachtete, bemerkte ich, daß ihr Verhalten von der Furcht diktiert ist, nicht genug zu haben. Im Bemühen, genug zu bekommen, horten sie Besitztümer und Geld. In Wirklichkeit wünschen sie sich ein größeres Maß an Liebe und Respekt, aber ihr selbstsüchtiges Verhalten bewirkt unweigerlich, daß sie sich sogar noch weniger lieben und respektieren. Und während die Menschen, die sie lieben, sich von ihnen zurückziehen, fällt ihnen nichts Besseres ein, als sogar *noch* selbstsüchtiger zu werden. Die Folge ist der Teufelskreis der Selbstsucht.

Das Gegenmittel: Großzügigkeit

Um nicht in diesen Teufelskreis der Selbstsucht zu geraten, habe ich mir angeschaut, wie großzügige Menschen leben. Ich habe beobachtet, daß sie beim Geben kaum oder überhaupt nicht daran denken, jemals etwas zurückzubekom-

men. Das Ergebnis ist, daß man sie mag und respektiert –
was sie wiederum dazu inspiriert, sogar noch mehr zu geben.
Anstatt in eine abwärts strebende Spirale von Gier und
Selbstsucht hineinzugeraten, bewegen sich großzügige Menschen auf einer aufwärts strebenden Spirale der Liebe und
des Überflusses. Weshalb also versuchen nicht alle Menschen, sich auf der aufwärts strebenden Spirale nach oben zu
bewegen? Die meisten haben niemals das Gefühl, genügend
Liebe, Geld oder Respekt zu besitzen, um diesen Prozeß
überhaupt in Gang zu setzen. Sie bleiben in der Phase des
Hortens stecken.

Mehrere Dinge haben mir geholfen, dieses große Hinder-
nis zu umgehen. Zunächst einmal half mir das Verfassen des
»Geldaufsatzes« (wie in Kapitel eins beschrieben), genau zu
klären, auf welche Weise ich ein höheres Einkommen sinnvoll nutzen kann. Während ich den Aufsatz las, spürte ich
eine wachsende Zuversicht, daß ich zusätzliches Geld wirklich benutzen könne, um Gutes zu bewirken. Als nächstes
beschloß ich, ein »10-Prozent-Konto« anzulegen, das heißt,
ich zweigte 10 Prozent meines Geldes für wohltätige Zwecke
und Menschen in Not ab. Ich zwang mich auf diese Weise,
großzügig mit meinem Geld umzugehen; später wurde dieses Konto zu einem sehr dynamischen und beglückenden
Mittel, mit Gott in Kontakt zu sein. Da die Experimente mit
meinem »10-Prozent-Konto« eine starke Wirkung auf mich
hatten, habe ich ihnen an anderer Stelle dieses Buches fast ein
ganzes Kapitel gewidmet.

Zu geben, ohne zu fragen, was zurückkommen wird, ist
eine schwierige Sache. Es ist geradezu ein wenig unheimlich.
Es fühlt sich an wie ein Verlust an Kontrolle, aber es ist genau
das, was großzügige Menschen tun. Als ich dies erkannte, beschloß ich, mich innerlich *bewußt* darauf einzustellen, von

meinem Reichtum so viel wie möglich zu geben. Auf diese Art konnte ich meinen wachsenden Reichtum nutzen, um mir immer wieder das Gefühl zu geben, ich sei ein im Überfluß lebender, großzügiger Mensch. Während ich mich mit mir selbst wohler fühlte und zu mehr Geld kam, wuchs meine Großzügigkeit. An einem bestimmten Punkt erreichte ich eine »kritische Masse« des Gebens. Mir wurde klar, daß ich sehr viel mehr zurückbekam, als ich gab. Aufgrund dieses neuen Gefühls von Überfluß fiel es mir natürlich noch leichter zu geben – was unweigerlich dazu führte, daß ich noch mehr erhielt. Das Gefühl ist einfach wunderbar. Gelegentlich gerate ich wieder in den Teufelskreis des Hortens. Dies vermittelt mir jedoch ein so unangenehmes Gefühl der Enge, daß ich alles Erdenkliche tue, um mich aus dieser Falle zu befreien. Mehr Geld zu haben ist zweifellos eine unschätzbare Hilfe, um uns den Sprung vom Horten zum Helfen zu erleichtern. Der Teufelskreis der Selbstsucht führt unweigerlich zu Furcht, Sorge und einer Art Hölle; die Erfahrung, ständig großzügig zu sein, führt zu Liebe, Respekt und Überfluß – also geradewegs in den Himmel!

Falle 4: Trägheit

Schritt Nummer vier der Alchemie des Gelderwerbs besteht in der Überwindung der Trägheit. Viele Menschen, die zu sehr viel Geld kommen, entdecken, daß sie ihre Motivation verlieren und träge werden. Stellen Sie sich einmal vor, Sie würden plötzlich 5 Millionen Mark in der Lotterie gewinnen – wie würde Ihr Leben danach aussehen? Seien Sie ehrlich, Sie würden wahrscheinlich die Urlaubsreise machen, von der Sie immer geträumt haben, und dann würden Sie sich vielleicht ein neues Auto und ein neues Haus kaufen. Hoffentlich würden Sie einen Teil des Geldes benutzen, um Ihre Seele zu nähren und Menschen in Not zu helfen. Aber was dann? Es wären noch immer 4,5 Millionen Mark übrig. Würden Sie Ihren Arbeitsplatz behalten? Würden Sie sich faul auf dem Sofa herumlümmeln und ohne jede Aufgabe zu Hause herumsitzen?

Da wir Menschen des euroamerikanischen Kulturkreises gewöhnlich viele Stunden am Tag arbeiten, stellen wir uns Reichtum als vorgezogene Rente oder Nichtstun vor. Und tatsächlich: aus der Perspektive eines gestreßten, überarbeiteten Angestellten betrachtet, ist der Rückzug aus dem Berufsleben eine verlockende Möglichkeit. Aber Untätigkeit kann dazu führen, daß wir träge werden, uns langweilen und sogar vorzeitig sterben. Arbeit gibt den Menschen etwas, wofür es sich lohnt zu leben. Das ist der Grund, warum viele der reichsten Menschen der Welt wie Bill Gates und Ross Perot weiterhin mit aller Kraft Ziele in der materiellen Welt verfolgen. Sie könnten mühelos in Rente gehen, aber sie haben beschlossen, hart zu arbeiten, um das zu tun, was ihnen am Herzen liegt.

Das Gegenmittel: Zielstrebigkeit

In Studien, die herausfinden sollen, was Menschen wirklich glücklich macht, erweist sich ein Faktor fast immer als wichtigster Bestandteil dauerhafter Erfüllung. Welcher, glauben Sie, ist es? Ich gebe Ihnen einen Tip – es geht nicht darum, reich, schön, gesund, geliebt, talentiert oder intelligent zu sein. Es geht vielmehr um einen Charakterzug oder eine Fähigkeit, zu der wir alle Zugang haben: in tiefster Seele zu spüren, daß unser Leben ein Ziel und einen Sinn hat. Menschen, die mit aller Kraft an ein Anliegen glauben oder Ziele haben, die ihnen wirklich wichtig sind, fühlen sich sehr erfüllt. Menschen, denen es an dieser Zielgerichtetheit oder an dem Gefühl, daß ihr Leben einen Sinn habe, mangelt, sind sehr viel weniger glücklich. Selbst Menschen, die alles zu haben scheinen – Reichtum, gutes Aussehen, Talent, Liebe –, aber nicht wirklich empfinden, daß ihr Leben sinnvoll sei, sind gewöhnlich unzufrieden.

Da Trägheit zu Lethargie und klare Zielgerichtetheit zu Erfüllung führen, ist es wichtig, daß Sie sich ein bestimmtes Ziel setzen, auf das Sie immer hinarbeiten können – gleichgültig, wieviel Geld Sie haben. Im ersten Kapitel habe ich Sie gebeten, ein Statement zum Sinn des Geldes zu formulieren und sich auf die Frage zu konzentrieren, warum Sie des Geldes, das Sie verdienen, würdig sind und wie dieses Geld Ihr Leben verbessern kann. Jetzt schlage ich vor, daß Sie ein »Statement zu meiner persönlichen Aufgabe« formulieren, das beschreibt, welchen Beitrag Sie leisten wollen, *um das Leben auf dieser Erde zu verbessern.* Wenn Sie einen oder zwei Sätze darüber schreiben, welches Ihre umfassendere Aufgabe im Leben ist, wird Ihnen das helfen, jegliche Tendenz zur Trägheit zu überwinden. Auch wird es Sie daran erinnern, wie wichtig es ist, ein höheres Ziel im Leben zu haben, und es wird Ihnen als Richtschnur dienen, wenn wichtige Lebensentscheidungen anstehen.

Ich habe für das Schreiben des »Statements zu meiner persönlichen Aufgabe« eine einfache Formel gefunden. Denken Sie zunächst einmal darüber nach, was Sie gern tun würden, wenn Sie 100 Millionen Mark hätten, aber gesetzlich verpflichtet wären zu arbeiten. Was würden Sie ohne Bezahlung tun – einfach, weil Sie das Gefühl haben, es sei wichtig? Wem würden Sie gerne helfen und wie? Sie können versuchen, eine Liste von Anliegen aufzustellen, die Ihnen wichtig sind. Vielleicht finden Sie einen roten Faden, der sie verbindet. Wenn Sie beispielsweise auflisten, daß Sie gerne zur Rettung der Wale beitragen, das Töten der Wölfe beenden und etwas für den Schutz der Regenwälder tun würden, dann bedeutet dies, daß Sie gefährdete Arten und die Umwelt schützen wollen.

Als nächstes entscheiden Sie, was für ein Mensch Sie gerne sein würden. Wenn Sie keine Angst hätten, was für ein Mensch würden Sie im Grunde Ihres Herzens am liebsten sein? Was sollen andere Menschen bei Ihrer Beerdigung über Sie sagen? Was immer es auch sein mag, es ist wichtig, daß Sie es in Ihrem »Statement zu meiner persönlichen Aufgabe« festhalten. Dieses Statement braucht nicht auf Anhieb perfekt ausformuliert zu sein. Sie können es so lange verändern, bis es sich richtig anfühlt. Selbst wenn es noch nicht ganz zutrifft, ist jedes »Statement zu meiner persönlichen Aufgabe« besser als keine Richtschnur für Ihr Handeln.

Im folgenden führe ich einige Beispiele für ein »Statement zu meiner persönlichen Aufgabe« an. Wie Sie sehen, beginnen sie alle mit den Worten »Der Sinn meines Lebens ist es, ...« Dann folgt ein Satz, in dem beschrieben wird, welchen Beitrag der Betreffende gerne leisten würde.

1. Der Sinn meines Lebens ist es, ein kühner Erforscher der menschlichen Möglichkeiten zu sein. Ich will Menschen dazu inspirieren und anleiten, ihre eigene innere Kraft durch die Verbindung mit Gott zu erfahren.

2. Der Sinn meines Lebens ist es, ein kreativer und liebevoller Elternteil zu sein, Kinder zu stärken und sie dahin-

gehend zu beeinflussen, daß sie sich selbst lieben und respektieren.

3. Der Sinn meines Lebens ist es, ein kraftvolles Instrument der Veränderung zu sein und Unternehmen zu helfen und dahingehend zu beeinflussen, daß die Umwelt auf diesem Planeten in Harmonie bleibt.

4. Der Sinn meines Lebens ist es, ein glücklicher und humorvoller Mensch zu sein und durch die heilenden Kräfte des Spiels und des Humors kranken Menschen zu mehr Gesundheit und Ganzheit zu verhelfen.

Im wesentlichen ist das »Statement zu meiner persönlichen Aufgabe« eine kurze Beschreibung dessen, wer Sie gerne sein möchten und wem und *auf welche Weise* Sie gerne helfen würden. Ich erwähnte bereits, daß Menschen, die eine Nahtoderfahrung machten, die Frage gestellt wurde: »Wie gut haben Sie die Talente genutzt, die Ihnen geschenkt wurden, um das Los einzelner Menschen oder der Welt zu verbessern?« Ihr »Statement zu meiner persönlichen Aufgabe« kann Ihnen helfen herauszufinden, was für einen Beitrag Sie leisten möchten, und Sie an den richtigen Weg erinnern, wenn Sie einmal davon abgekommen sind. In dem Maße, in dem Sie sich der umfassenderen Aufgabe in Ihrem Leben zu stellen bereit sind, wird es Ihnen gelingen, die Falle der Trägheit zu umgehen und Zugang zu dem Gefühl wahrer Zufriedenheit zu finden. Nehmen Sie sich jetzt, in diesem Augenblick, ein wenig Zeit, um ein »Statement zu meiner persönlichen Aufgabe« zu formulieren. Und zögern Sie nicht, es im Laufe der Zeit abzuwandeln, bis es sich genau richtig anfühlt. Diese Beschreibung Ihrer ganz persönlichen Bedürf-

nisse kann Ihnen als kraftvolle Erinnerungshilfe dienen und
Sie dazu motivieren, an der Erfüllung Ihrer wahren Träume
zu arbeiten.

Falle 5: Arroganz

Die fünfte und letzte Möglichkeit, die eigene spirituelle Entfaltung zu behindern, besteht darin, anderen Menschen gegenüber ein Gefühl der Überlegenheit zu entwickeln. In den
schlimmsten Fällen schafft das Geld eine emotionale Mauer
der Isolation. In ihrem sicheren Versteck hinter verschlosse-
nen Toren und in teuren Autos laufen reiche Menschen Gefahr, den Fluß göttlicher Energie zum Stillstand zu bringen.
Der Besitz von Geld kann dazu führen, daß jemand noch
mehr Isolation schafft, als wir sie normalerweise spüren. In
seinem Kern ist spirituelles Wachstum ein Prozeß der Überwindung von Trennendem – ob es sich nun um die Trennung
von Gott, von anderen Menschen oder von der eigenen
Seele handelt.

Wenn Menschen Geld benutzen, um sich vor den Härten
des Lebens zu schützen, dann besteht die Gefahr, daß es sie
auch vor der Gnade Gottes schützt.

Denken Sie einmal an einige reiche Leute, bei denen Sie
das Gefühl haben, daß sie ihren Reichtum nicht auf spirituelle Weise nutzen. Was kennzeichnet sie? Sie wirken wahrscheinlich arrogant oder zumindest unempfänglich für wirk-
liche menschliche Nähe. Das Bedürfnis, unverletzlich zu sein,
ist in jedem von uns angelegt, und zunehmender Reichtum
kann uns Schutz bieten. Ein »großer Fisch« in einem kleinen
Teich zu sein ist ein gutes Gefühl. Zu meinen, wir seien besser als andere, gibt uns ein gewisses Gefühl von Sicherheit

und Stärke. Das ist der Grund, warum so viele Menschen in diese Falle stolpern. Auf der anderen Seite ist es unheimlich, seine Verletzlichkeit zu spüren oder ein kleiner Fisch in einem großen Teich zu sein. Wir fürchten, die Dinge nicht unter Kontrolle zu haben. Die Wahrheit ist jedoch, daß wir ein kleiner Fisch in einem großen Teich sind. Zwar mögen wir diese Tatsache vor uns selbst verstecken, aber die Anstrengung, deren es dazu bedarf, trennt uns von Gott.

Das Gegenmittel: Demut

Während sich die meisten Menschen von Menschen, die sich anderen überlegen fühlen, abgestoßen fühlen, berühren diejenigen, die wahrhaft demütig sind, unser Herz. Weil ich viele der herausragendsten spirituellen Führer der Welt für mein Buch *Bridges to Heaven* interviewte, haben mehrere Menschen mich gefragt, was für ein Gefühl es sei, in ihrer Nähe zu sein. Wenn ich einen oder zwei Charakterzüge benennen sollte, die fast alle von ihnen kennzeichneten, dann würde ich sagen, es war ihre Demut und Verletzlichkeit. Trotz ihres Ruhms und ihrer großen Leistungen fühlten sie sich nicht überlegen, und ihr Verhalten war frei von Arroganz. Tatsächlich waren sie sich ihrer Mängel sehr deutlich bewußt und gestanden sie sich ehrlich ein. Wenn wir an spirituell entwickelte Seelen denken, dann fällt uns Mahatma Gandhi ein – ein Mann, der vor allem für seine Demut bekannt ist. Eines meiner Lieblingszitate aus einem Interview mit ihm lautet: »Ich habe nur drei Gegner. Mein Lieblingsgegner, derjenige, der sich am leichtesten zum Besseren beeinflussen läßt, ist das britische Kolonialreich. Mein zweiter Gegner, das indische Volk, ist bei weitem schwieriger. Aber mein stärkster

54

Gegner ist ein Mann namens Mohandas K. Gandhi. Auf ihn scheine ich sehr wenig Einfluß zu haben!«

Ein wahrhaft demütiger Mensch berührt uns in einer sehr tiefen Schicht unserer Seele und hilft uns, das Gefühl der Isolation zu lindern, das uns fast immer begleitet. Warum also ist es so viel schwieriger, Geld (und Ruhm) zur Entwicklung der Demut anstatt zur Entwicklung des Überlegenheitsgefühls zu benutzen? Nun, zum Teil besteht das Problem darin, daß es uns jetzt leichter fällt, »Schutz« zu kaufen, als zuvor. Wir können uns größere Häuser kaufen und mehr Wachmänner bezahlen und mit Hilfe des Geldes versuchen, alles Unangenehme im Leben von uns fernzuhalten. Kurzfristig funktioniert das sogar, aber langfristig läßt es uns mit einem Gefühl der Leere zurück.

Wie kann Reichtum zur Entwicklung tieferer Demut und innigerer Verbundenheit mit Gott benutzt werden? Bevor wir diese Frage beantworten können, müssen wir verstehen, wie wahre Demut entsteht. Ich glaube, es gibt drei Faktoren, die dabei mithelfen: (1) das Gefühl, eine Aufgabe in diesem Leben zu haben oder mit einer großen Herausforderung konfrontiert zu sein, (2) völlige Ehrlichkeit und (3) eine tiefe Sehnsucht nach Gott oder ein Gefühl der Verbundenheit mit Gott. Jeder dieser drei »Wege« kann uns Demut lehren, und zusätzliches Geld *kann* hilfreich sein, um jedes dieser Ziele zu verfolgen.

Lassen Sie uns zunächst einmal untersuchen, wie das Gefühl, mit einer großen Herausforderung konfrontiert zu sein, zur Demut führen kann. Eine Herausforderung, die zu groß ist, als daß wir sie allein bewältigen könnten, zwingt uns, aus uns herauszugehen. Ob wir uns nun Gott oder anderen Menschen zuwenden – die Einheit, von der wir ein Teil sind, dehnt sich dadurch aus. Wenn wir uns mit einer größeren

Einheit identifizieren, werden wir im Verhältnis zu dieser kleiner. Wir haben die Dinge nicht mehr völlig unter Kontrolle. Unter solchen Bedingungen ergibt sich Demut als eine Nebenwirkung. Wenn wir uns einem größeren Ziel verschreiben wollen, sei dies nun die Bekämpfung des Hungers oder die Expansion des Bewußtseins auf dem Planeten, kann es hilfreich sein, Geld zu haben. Wo unser Geld hingeht, dahin gehen auch unsere Gedanken und Gefühle. Indem wir unser Geld (ebenso wie unsere Zeit und Energie) nutzen, um ein größeres Ziel zu verfolgen, »kaufen« wir unser Eintrittsticket zu einer Einheit, die sehr viel größer ist als unsere Alltagssorgen. Daraus ergibt sich fast zwangsläufig ein Gefühl der Demut.

Die zweite Möglichkeit, Demut zu erfahren, eröffnet sich, wenn wir völlig ehrlich in uns selbst hineinschauen. Dies ist möglicherweise sehr hart, aber wenn es Ihnen gelingt, werden Sie nicht umhin können, sich demütig zu fühlen. Schließlich lockert unser selbstsüchtiger Verstand fast niemals die Kontrolle, schweigt nur selten still. Selbstsucht, Anhaftung, Arroganz und Trägheit nagen ständig an unserer Seele. Der einzige Grund, warum wir uns nicht häufiger demütig fühlen, liegt darin, daß wir unsere »dunkle Seite« sehr geschickt vor uns selbst verbergen. Wenn Sie sich jedoch mit reifen Menschen, Therapeuten und spirituellen Lehrern, umgeben und wenn Sie Seminare besuchen, die völlige Ehrlichkeit zum Ziel haben, werden Sie mit Ihrer eigenen Verletzlichkeit und Demut stärker in Kontakt kommen. Ich persönlich habe erfahren, daß eine solche Ehrlichkeit nur durch äußere Hilfe möglich war. Glücklicherweise hatte ich die Zeit und das Geld, um mir die Hilfe zu holen, die ich brauchte. Auch hier kann der intelligente Umgang mit Geld wichtige spirituelle Folgen haben.

Der dritte und letzte Weg, um Demut zu erfahren, besteht darin, eine tiefe Verbindung zu Gott zu schaffen. Gott ist die letzte und größte Einheit. Wenn wir die Gegenwart Gottes spüren oder uns ihrer bewußt werden, werden wir zu einem Nichts. Ein Gefühl der Überlegenheit ist nur dann möglich, wenn wir Gott nicht in unser Bewußtsein integriert haben. Sobald wir auch nur anfangen, die Energie Gottes zu spüren, fühlen wir uns demütig. Zwar hilft uns der Besitz von Geld nicht direkt, Gott zu erfahren, aber er kann es wahrscheinlicher machen, daß wir die Zeit haben, über solche Dinge nachzudenken. Wenn Menschen nicht das Gefühl haben, genug Geld zu besitzen, dann verwenden sie gewöhnlich all ihre Zeit und Energie darauf, es zu erlangen. Und dann bleibt für spirituelle Bestrebungen nichts mehr übrig. Wenn Menschen jedoch entdecken, daß Erfolg in der materiellen Welt keine Glücksgarantie ist, beginnen sie häufig, nach einem tieferen spirituellen Sinn in ihrem Leben zu suchen.

Die Kunst der Geldalchemie ist ein Prozeß, der ständiger Übung bedarf. In dem Augenblick, da wir unser Bewußtsein der Existenz Gottes und unserer Verbundenheit mit ihm nicht nutzen, um unseren Umgang mit Geld auf eine höhere Ebene zu heben, beginnen wir, in die Geldfallen zu tappen, die ich in diesem Kapitel beschrieben habe. So wie die Schwerkraft ständig unserer Fähigkeit entgegenwirkt, uns in die Lüfte zu erheben, wirken die fünf Geldlöcher wie Magneten, die uns von Gott wegziehen. Glücklicherweise gibt es für jedes Geldloch auch einen Geldhelfer – einen Weg, Geld zu benutzen, um unsere Verbindung zu Gott zu vertiefen. Es ist unsere Aufgabe, den Löchern auszuweichen und die Halteleinen zu ergreifen, die unsere spirituelle Entwicklung fördern können.

Nachdem Sie nun einiges über diese Geldfallen gelesen

und erkannt haben, wie schwer es ist, ihnen auszuweichen, denken Sie möglicherweise, es lohne die Anstrengung nicht, den Versuch zu machen, viel Geld zu verdienen. Da bin ich anderer Meinung. Gewiß können Sie ein angenehmes »spirituelles« Leben führen, ohne viel Geld zu verdienen oder sich stark in die materielle Welt einzubringen. Aber ich glaube, Gott fordert von uns, daß wir ein spirituelles Leben leben und uns zugleich in der Welt *engagieren* – nicht, daß wir uns von ihr absondern. In der Bibel heißt es, daß wir »in der Welt, aber nicht von der Welt« sein sollen. Ich glaube, daß unsere »materiellen Wurzeln« uns helfen können, unsere Verbindung zu Gott zu stärken – genau wie ein Baum tiefe Wurzeln haben muß, um hoch in den Himmel zu wachsen. Wenn wir uns die Geldfallen, die ich beschrieben habe, anschauen und sie umgehen, dann macht uns diese Erfahrung stark, weise und mitfühlend. Wir entwickeln »spirituelle Muskeln«. Ausgehend von unserer spirituellen Weisheit und unserem materiellen Erfolg können wir einer leidenden Welt unser Allerbestes geben.

Gedächtnisstützen: wahrer Reichtum

1. Anstatt die höhere Natur eines Menschen zu fördern und zu nähren, bewirkt zunehmender Reichtum oft, daß die niedere Natur eines Menschen stärker in den Vordergrund tritt. Es ist unsere Aufgabe, uns der »Geldfallen« bewußt zu sein und uns aus diesem Bewußtsein heraus um einen sinnvolleren Umgang mit Geld zu bemühen.

2. Die fünf häufigsten Geldfallen sind: (1) das Gefühl, niemals genug davon zu haben; (2) Anhaftung an die eigenen Erwartungen und Vorstellungen; (3) Selbstsucht; (4) Trägheit und (5) ein Gefühl der Überlegenheit gegenüber anderen.
Die fünf entsprechenden Gegenmittel gegen diese Fallen sind (1) Dankbarkeit für das, was man hat; (2) Loslassen; (3) Großzügigkeit; (4) Zielgerichtetheit und (5) Demut.

3. Damit Sie nicht vom spirituellen Weg des Umgangs mit Geld und Arbeit abweichen, ist es hilfreich, ein »Statement zu meiner persönlichen Aufgabe« zu schreiben, in dem Sie festhalten, wer Sie gerne sein möchten, wem Sie gerne helfen möchten und wie Sie gerne helfen möchten. Wenn Ihr Blick auf Ihr höheres Ziel gerichtet ist, dann ist es leicht, Geldfallen zu umgehen.

3. Kapitel

Geld und Arbeit als spirituelle Lehrer

»Die Aufgabe jedes Menschen
ist sein Lebensretter.«
RALPH WALDO EMERSON

Im Laufe der Jahrhunderte haben Menschen sich Lehrer ge-
sucht, um ihr spirituelles Wachstum zu beschleunigen. Ein
Lehrer kann den Finger auf Dinge legen, die den spirituellen
Fortschritt behindern, und er kann den Suchenden mit
Herausforderungen konfrontieren, die darauf abzielen, ihn
stärker zu machen. In meiner eigenen langen Beziehung zu
einem spirituellen Lehrer fand ich es unschätzbar wertvoll,
jemanden zu haben, der mich herausforderte, mich ermutigte und mich lehrte, Sünden so weitgehend wie möglich zu
vermeiden. Leider sind gute spirituelle Lehrer heutzutage
schwer zu finden. Dennoch glaube ich, daß es eine neue
»Art« von Lehrer gibt, von dem die Menschen der modernen
Zeit lernen können. Ich meine damit das Feedback von Geld
und Arbeit, das ein wichtiger Lehrer sein kann, wenn die
Schüler bereit sind, es als solchen zu akzeptieren.

Ein guter Lehrer läßt Ihnen keine Lügen durchgehen.
Ähnlich verhält es sich mit Geld: auch das Geld läßt Ihnen
keine Lügen durchgehen. Sie haben es – oder Sie haben es
nicht. Ein guter Lehrer konfrontiert Sie mit Herausforderungen, um Sie stärker und tüchtiger zu machen. Geld und

Arbeit bewirken dasselbe. Es gibt viele Parallelen. Warum also nehmen die meisten Menschen die Lektionen nicht an, die sie erhalten könnten, wenn sie sich ihre Geld- und Arbeitssituation ehrlich anschauen würden? In den meisten Fällen machen sie dafür Kräfte verantwortlich, die sich außerhalb ihrer Kontrolle befinden. Sie erkennen nicht, daß sie für das, was sie in ihrem Leben erschaffen, voll und ganz verantwortlich sind.

In meinen *Real-Wealth*-Seminaren gehe ich zwischen den Teilnehmern hin und her und frage einige von ihnen, wieviel Geld sie im letzten Jahr verdient haben. Daraufhin wird es unglaublich still im Raum. Die Spannung, die in der Luft liegt, wird so stark, daß viele Teilnehmer den Atem anhalten. Nachdem mehrere von ihnen meine Frage ein wenig zögernd beantwortet haben, bitte ich sie, sich bewußtzumachen, was sie fühlen, und fordere sie auf weiterzuatmen. Dann frage ich: »Warum ist es so furchtbar wichtig, wieviel Sie oder sonst jemand im letzten Jahr verdient haben?« Die Antwort lautet, daß wir unseren Wert als Menschen mit unserem *Marktwert* verwechseln. Zwischen den beiden Werten besteht keine Beziehung. Wenn wir jedoch diese beiden Aspekte durcheinanderbringen, werden wir defensiv und angespannt, was das Lernen sehr erschwert.

Wenn ich in meiner Rolle als Psychotherapeut die Details des Sexlebens meiner Klienten wissen will, dann frage ich sie einfach. Die meisten Patienten sind bereit, mir sehr offen mitzuteilen, was bei ihnen im Bett läuft – und was nicht. Etwas über die finanzielle Situation eines Menschen herauszufinden ist sehr viel schwieriger. Ich habe festgestellt, daß die Menschen häufig lügen oder Halbwahrheiten erzählen, wenn es um ihre Finanzen geht. Die Tatsache, daß das Geld, das wir verdienen, für uns Menschen eine so große emotionale Bedeutung hat, beeinträchtigt unsere Fähigkeit, uns beim Verdienen dieses Geldes geschickt anzustellen. Zudem bewirkt unser geheimnistuerischer Umgang mit Geld, daß wir uns von Gott entfernen. Schließlich sind Gott und die Wahrheit eng miteinander verbunden. Wenn wir fähig sind, unsere Gefühle und Unzulänglichkeiten im Zusammenhang mit Geld mutig anzuschauen, gewinnen wir außerordentlich wertvolle Informationen über uns selbst. Darüber hinaus können wir, wenn wir unsere Abwehrhaltung überwinden und die Lektionen, die man uns anbietet, annehmen, sehr viel effektiver Geld *verdienen*.

Nehmen wir einmal an, jeder möchte eine Menge Geld besitzen, um das zu tun, was er für wichtig hält; und jede möchte diesen Überfluss schaffen, indem sie eine wirklich befriedigende Arbeit tut. Das ist das Ideal. In der Realität sieht es jedoch so aus, daß die meisten Menschen mit einer Arbeit, die ihnen weitgehend gleichgültig ist, sehr wenig Geld verdienen. Das ist das Problem. Um sich von dem »Problem« in Richtung auf das »Ideal« zu bewegen, muß der Betreffende jedoch fähig sein, viele Lektionen zu lernen und viele Herausforderungen zu überwinden. Dies ähnelt einem Initiationsprozeß. Mit jeder Herausforderung/Initiation, mit der die Menschen konfrontiert sind, nähern sie sich dem Ideal, Überfluß zu schaffen und dabei zu tun, was sie gern tun.

Viele Jahre lang war Helena, meine Partnerin, Sekretärin in einer Anwaltskanzlei. Zwar war die Bezahlung angemessen, aber sie empfand ihre Arbeit nicht als befriedigend. Eigentlich wollte sie gern therapeutische Masseurin werden. Unglücklicherweise leben wir in Santa Barbara, in Kalifornien, wo anscheinend fast *alle Bewohner* zugelassene therapeutische Masseure sind. Es gibt in dieser Stadt, bei nur gerade 100 000 Einwohnern, etwa 5000 therapeutische Masseure und Masseurinnen. Nicht gerade günstige Voraussetzungen, um eine Massagepraxis zu eröffnen! Dennoch ermutigte ich Helena, das zu tun, was sie gern tat. Wenn sie, so sagte ich ihr, bereit sei, sich mit der Herausforderung zu konfrontieren und an ihren Schwächen zu arbeiten, dann könne sie sich ihren Lebensunterhalt mit Massieren verdienen. Jahrelang sträubte sie sich. Sie erklärte, die Konkurrenz sei zu stark. Ich hielt ihr entgegen, daß sie sehr wohl fähig sei, die Hindernisse zu überwinden, mit denen sie konfrontiert sein werde. Allerdings müsse sie bereit sein, an sich selbst zu arbeiten.

Schließlich konnte Helena ihren Job als Anwaltssekretärin nicht mehr ertragen. Sie kündigte und entschloß sich, eine Massagepraxis aufzubauen und gleichzeitig für eine Zeitarbeitsagentur zu arbeiten. Sofort war sie gezwungen, sich mit ihrer Angst, nicht genügend Geld zu haben, auseinanderzusetzen. Sie mußte zudem ihren Widerstand gegen die Vermarktung ihrer Dienstleistung überwinden. Aber da sie Geld brauchte, blieb ihr nichts anderes übrig, als sich mit ihren Ängsten zu konfrontieren. Glücklicherweise war sie der Situation gewachsen. Obwohl sie ihrer Natur nach eher zurückhaltend ist, fing sie an, sich bei verschiedenen Firmen vorzustellen und den Leuten eine kostenlose zehnminütige Massage anzubieten. Nicht nur machte sie mit dieser Dienstleistung sich und anderen Freude, sie gewann damit auch ein paar Kunden für ihre zukünftige Praxis. Während ihrer Werbekampagne bekam sie immer mehr Rückmeldungen, die ihr erlaubten festzustellen, was funktionierte und was nicht. Gleichzeitig sicherte sie sich immer mehr Kunden. Heute, sechs Monate später, hat sie eine florierende Massagepraxis und braucht keine Teilzeitjobs mehr anzunehmen. Sie ist überglücklich, und ich bin sehr stolz auf sie.

Weil sie auf die Lektionen hörte, die Geld und Arbeit sie lehrten, ist Helena jetzt in der Lage, Geld mit der Arbeit zu verdienen, die sie wirklich gerne tut. Sie erkannte, daß nur ihre Angst und ihre Unfähigkeit, ihre Dienstleistung kreativ zu vermarkten, sie daran hinderten, das zu tun, was sie wirklich tun wollte. Als sie sich schließlich mit ihren Ängsten vor einem Fehlschlag und vor Geldmangel auseinandersetzte, belohnte das Universum sie mit einem Job, den sie liebt. Solange sie jedoch ihren Ängsten nicht ins Auge schaute, konnte sie den nächsten Schritt nicht tun. So ist das Leben. Für Leute, die Schwierigkeiten mit ihrer Arbeit oder ihren Finanzen haben, hält das Leben immer eine Lektion bereit. Die Frage ist: sind Sie bereit, sie anzunehmen?

Der Geldballon

In meinen Seminaren sage ich den Teilnehmern, daß sie sich finanziellen Überfluß und einen Job, den sie wirklich lieben, sichern können, indem sie »die Löcher in ihrem Ballon« flicken. Wenn in einem Ballon auch nur ein winziges Loch ist, dann entweicht die Luft, und er schrumpelt ein. In ähnlicher Weise verhindern jede Schwäche, jede Furcht und jeder irrige Glaubenssatz über das Geld ein Leben im Überfluß. Unser persönliches »Loch« oder unsere Schwäche hindert uns daran, uns voranzubewegen. Es ist unsere Aufgabe, das größte Loch zu finden und es zu flicken, damit wir ein vollständigerer Mensch werden. Indem wir an unserem Loch (an unserer Schwäche) arbeiten, werden wir stärker. Wenn wir stärker und fähiger werden, können wir anfangen, unsere neu entdeckte Stärke in größeren Überfluß und in Arbeit, die wir lieben, zu verwandeln.

Ram Dass, ein früherer Harvardprofessor, der spiritueller Lehrer wurde, erzählte mir einmal die Geschichte eines Mannes, den er in einem Meditationszentrum kennenlernte. Ram Dass fragte den Mann, was er tue, um sich seinen Lebensunterhalt zu verdienen, und der Mann antwortete, er sei »Vizepräsident der Abteilung für Industriekredite in einer großen Bank«. Ram Dass war überrascht, einen solchen Mann in einem Meditationszentrum zu treffen, und fragte ihn nach seiner Lebensgeschichte. Er fand heraus, daß dieser Mann, den wir Frank nennen wollen, diesen Posten bereits in den siebziger Jahren hatte. Damals jedoch war er in seinem Job sehr unglücklich. Ihm kam es so vor, als hätten alle unglaublich viel Spaß; nur er müsse diese öde Arbeit machen, die er so haßte. Deshalb beschloß Fred, seinen Job zu kündigen und viele Jahre lang »seinem Glück zu folgen«. Er schrieb Gedichte, machte Therapien, nahm an Workshops teil, meditierte und wurde zu einem Außenseiter der Gesellschaft. Als er Jahre später durch die Straßen von San Francisco ging, begegnete er eines Tages zufällig seinem früheren Chef, dem Präsidenten der Bank, in der er früher gearbeitet hatte. Dieser sagte: »Was für ein Zufall, daß ich Sie heute sehe, denn gerade ist Ihr alter Arbeitsplatz frei geworden. Sie waren der beste Vizepräsident der Abteilung für Industriekredite, den wir jemals hatten. Hätten Sie nicht Lust, wieder für uns zu arbeiten?«

Fred beschloß, einen Versuch zu machen. Nachdem er viele Jahre lang an dem »Loch in seiner Seele« gearbeitet hatte, spürte er, daß es Zeit war, nachzuprüfen, ob sich die Dinge verändert hätten. Er rasierte seinen Bart ab, kaufte ein paar Anzüge und setzte sich an denselben Schreibtisch, den er schon ein Jahrzehnt zuvor benutzt hatte. Ram Dass berichtete, daß Fred gesagt habe, seine »neue« Position vermittle ihm jetzt ein völlig anderes Gefühl. Jetzt liebe er seinen Job. Fred beschrieb sein Büro als einen Ort, »wo ich den ganzen Tag über mit wunderbaren Menschen zusammen bin, mit welchen ich über Industriekredite zu reden habe«. Wie Freds Story zeigt, muß man manchmal nur seine Einstellung verändern, um sich mit seiner Arbeit glücklicher zu fühlen.

Ihr Seelenloch finden und füllen

Um an Ihren Fehlern zu arbeiten, müssen Sie zunächst einmal wissen, was für Fehler Sie haben. Dies scheint leicht zu sein, ist es aber nicht. Was ihre Schwächen angeht, so neigen die Menschen dazu, sich Scheuklappen aufzusetzen. Als ich zusammen mit 15 Leuten in einer spirituellen Kommune lebte, erlebte ich dies aus nächster Nähe. Unser Lehrer bat manchmal jemanden aus unserer Gruppe, sich auf den »heißen Stuhl« zu setzen.

Dann begann er, ihn auf einfühlsame, aber ehrliche Art auf einige seiner Schwächen hinzuweisen. Wir schauten zu. Fast immer wehrte sich der Kandidat auf dem »heißen Stuhl« heftig und fand viele Gründe, warum das, was der Lehrer sagte, völlig unzutreffend sei. Vom Standpunkt der Zuschauer aus schien dieser jedoch immer genau ins Schwarze zu treffen – außer, wenn gerade ich auf dem heißen Stuhl saß. Wenn er den Finger auf meine Fehler legte, war das, was er sagte, immer Ausdruck von Mißverständnissen und völlig falschen Wahrnehmungen. Es dauerte ungefähr ein Jahr, bis ich erkannte, daß das, was er über mich sagte, tatsächlich wahr war – hatte er doch bei allen anderen auch immer recht! Schließlich wurde ich mir bewußt, daß ich meine Schwächen nur vor einer einzigen Person hatte verbergen können – vor mir selbst.

Es gibt verschiedene Möglichkeiten, wie Sie sich Ihrer Schwächen ohne die Hilfe eines spirituellen Lehrers bewußt werden können. Da jeder von uns ein paar Löcher in seinem »Ballon« hat, müssen wir vor allem wissen, was uns daran hindert, sie deutlich wahrzunehmen. Ich glaube, es gibt vier Haupt-»Scheuklappen«, die bewirken, daß wir nicht von der Stelle kommen. Ich nenne sie *Sündenbocksuche, Verleugnung, Ablenkung* und *falsche Glaubenssätze*. Ich werde im Folgenden jeden dieser Aspekte kurz beschreiben.

Betrachten wir zunächst einmal die *Sündenbocksuche*. Sie ist ein Schutzmechanismus, der uns dazu verleitet, zu denken, daß das Problem von jemand anderem oder von etwas außerhalb unserer selbst verursacht wurde. Zu Anfang glaubte Helena, daß es unmöglich sei, sich ihren Lebensunterhalt als Masseurin zu verdienen, weil es schon zu viele therapeutische Masseure in unserer Stadt gab. Es ist schwer, die Sündenbocksuche zu entlarven, weil in dem, was wir denken, gewöhnlich ein Körnchen Wahrheit liegt. In Helenas Fall traf die Feststellung zu, daß die Konkurrenz sehr stark war. Aber es stimmte auch, daß sie *zuviel* Angst davor hatte, ihre Dienste aggressiv zu vermarkten. Im Fall von Fred, dem Bankmanager, war es richtig, daß es nicht gerade eine kreative Aufgabe ist, Industriekredite zu vergeben. Ebenso wahr war aber auch, daß es ihm nicht gelungen war, das Göttliche im Menschen zu sehen, während er über Kredite redete. Als Fred und Helena für ihre Schwächen Verantwortung übernahmen, wurden sie stärkere, talentiertere Persönlichkeiten. Und bald waren sie in der Lage, das, was sie sich wirklich wünschten, bei ihrer Arbeit zu erleben und zu realisieren.

67

Was *Verleugnung,* den zweiten Abwehrmechanismus, angeht, so ignorieren die Menschen ganz einfach, was sie fühlen, oder sie bestreiten, daß es irgend etwas Besseres geben könnte als das, was sie augenblicklich haben. Da Sie dieses Buch freiwillig lesen (so hoffe ich wenigstens), passen Sie wahrscheinlich nicht in diese Kategorie. Das ist gut. Verleugnung ist ein Abwehrmechanismus, gegen den schwer anzukommen ist.

Ablenkung ist der dritte Abwehrmechanismus, der die Menschen daran hindert, sich selbst zu erkennen. Ob die Ablenkung durch übermäßigen Fernseh- oder Drogenkonsum, durch Aktionismus oder etwas anderes bewirkt wird – sie dient dazu, die Menschen einzulullen und das anstehende Problem zu verdrängen. Wenn eine Frau beispielsweise keine Freude an ihrer Arbeit hat, investiert sie möglicherweise eine Menge Energie in andere Bereiche ihres Lebens, um die Frustration eines unbefriedigenden Jobs zu mildern. Ablenkung ist allerdings nicht immer schlecht. Wir leben in einer anstrengenden Welt, und manchmal müssen wir uns ein wenig zerstreuen, um uns wohl zu fühlen. Übertriebene Ablenkung jedoch hat zur Folge, daß wir an Verhaltensweisen und Situationen festhalten, die für unser Wachstum und Glück langfristig zerstörerisch sind.

Das vierte und letzte Problem ist das der falschen *Glaubenssätze.* Wenn wir uns einmal einen bestimmten Glaubenssatz zu eigen gemacht haben, kann dieser bewirken, daß wir steckenbleiben und nicht fähig sind, den nächsten Schritt in unserer persönlichen und beruflichen Entwicklung zu tun. Ein Erfinder etwa mag völlig davon überzeugt sein, mit einer noch besseren Mausefalle werde er den Durchbruch schaffen. In Wirklichkeit hingegen schafft er den Durchbruch deshalb nicht, weil er seine Mausefalle nicht mit genügend Nachdruck vermarktet. Falsche Glaubenssätze können Sie sehr viel Energie kosten, die in eine Richtung gelenkt wird, die letztlich ins Nichts führt. Menschen hegen in Zusammenhang mit Geld viele irrige Glaubenssätze; einer der häufigsten lautet, man müsse sich für eine Arbeit, die man liebt, oder eine Arbeit, die einem viel Geld einbringt, entscheiden, eine dritte Wahl gebe es nicht.

Der Finanzberater Scrully Blotnick verbrachte mehr als zehn Jahre damit, zu untersuchen, wie Menschen zu Millionären wurden. Er fand heraus, daß das gemeinsame Charakteristikum all dieser Millionäre darin bestand, daß ihnen ihre Arbeit wirklich Spaß machte! Darum arbeiteten sie auch härter, hatten mehr Durchhaltevermögen und gelangten schließlich in ihrem Bereich an die Spitze.

Ein einziger falscher Glaubenssatz reicht, damit ein Mensch steckenbleibt. Wenn Sie beispielsweise der falschen Überzeugung sind, daß Sie nur dann sehr viel Geld verdienen können, wenn Sie eine Arbeit tun, die Ihnen keinen Spaß macht, haben Sie ein Problem. Denn wenn Sie eine Arbeit annehmen, die Ihnen keinen Spaß macht, nur um Geld zu verdienen, können Sie sich damit Ihr ganzes Leben verderben. Und, was die Sache noch viel schlimmer macht – es ist unwahrscheinlich, daß Sie überhaupt sehr viel Geld verdienen werden, denn Ihr Mangel an wirklichem Engagement wird wahrscheinlich Ihren beruflichen Aufstieg verhindern. Hüten Sie sich vor den falschen Glaubenssätzen, die stumm im Gefängnis Ihres Kopfes verharren! Sie können gefährlich sein.

Neben falschen Glaubenssätzen darüber, wie wir am besten zu Geld kommen, können wir auch Überzeugungen über *uns selbst* haben, die unsere Fähigkeit, mit Geld und/ oder Arbeit kreativ umzugehen, ernsthaft behindern. Bei meiner psychotherapeutischen Arbeit habe ich festgestellt, daß viele Menschen nicht genügend Selbstbewußtsein haben, um sich einer Arbeit zu widmen, die ihnen Spaß macht, oder daß sie zu wenig an ihre Fähigkeiten glauben. Ich habe Künstler gekannt, die ein unglaubliches Talent hatten; aber ihre Selbstzweifel hinderten sie daran, sich mit ihrer Begabung ihren Lebensunterhalt zu verdienen. (Im nächsten Kapitel werden wir erörtern, wie man gefährliche Glaubenssätze, die Sie sich möglicherweise als Kind angeeignet haben, identifiziert und neutralisiert.)

In meinen Seminaren werde ich häufig gefragt:»Wie können wir das Loch in unserem Geldballon erkennen, wenn die Abwehrmechanismen gerade dazu dienen, diese Information vor uns selbst zu verstecken?« Ich wünschte, es gäbe darauf eine einfache Antwort. Genau auszumachen, woran wir am meisten arbeiten müssen, kann schwierig sein. Aber ich habe ein paar hilfreiche Tips für Sie. Zunächst einmal können Sie Menschen, denen Sie vertrauen und die Sie gut kennen, fragen, woran Sie nach *deren* Meinung arbeiten sollten. Die Wahrheit zu hören kann schmerzlich sein, aber es kann Ihnen langfristig eine Menge Kummer ersparen.

Vor ungefähr einem Jahr fragte mich ein guter Freund: »Möchtest du wissen, was dich, meiner Meinung nach, davon abhält, wirklich erfolgreich zu sein?« Es war ein Angebot, das ich nicht ausschlagen konnte. Mein Freund war brutal ehrlich. Er sagte:»Jonathan, du ziehst dich an wie ein vierzehnjähriger Junge. Fast alles, was du trägst, signalisiert, daß du kein Profi bist. Du kleidest dich wie ein Teenager. So wirst du die nächste Stufe deiner Karriereleiter niemals erreichen.« Autsch. Seine Worte trafen mich deshalb um so mehr, weil ich wußte, daß sie wahr waren. Wir verabredeten, daß er mich zu Hause besuchen und alles aus meinem Kleiderschrank hinauswerfen würde, womit ich seiner Meinung nach aussah wie ein kleiner Junge. Als er schließlich fertig war, waren nur noch ein paar Unterhosen und -hemden übrig. Völlig verzweifelt zog ich wieder etwa 20 Prozent der Kleidungsstücke aus dem Haufen heraus. Aber um Kleidung für mehr als drei Tage zu haben, mußte ich einkaufen gehen. Mein Freund und ich gingen zusammen zu Nordstrom's, und ich kaufte mir eine neue Garderobe. Seitdem ich vor einem Jahr Geld in diese Kleidung investiert habe, ist mein Einkommen um dreißig Prozent gestiegen. Zufall? Ich glaube nicht. Wenn wir die Löcher in unserem Geldballon füllen, passieren wunderbare Dinge.

Brutale Ehrlichkeit sich selbst gegenüber ist fast immer sehr schwierig, unmöglich aber ist sie nicht. Wenn Sie Ihre Lebensgeschichte auf Ihre Erfahrungen mit Arbeit und Geld überprüfen, gewinnen Sie möglicherweise einen Eindruck davon, wo Ihre Schwächen sind. Ich habe festgestellt, daß drei Fragen besonders hilfreich sind, um Menschen dazu zu bewegen, die Bereiche zu identifizieren, an denen sie arbeiten müssen.

Die *erste* Frage lautet: »Was habe ich in der Welt des Geldes und/oder der Arbeit bisher vermieden oder schwierig gefunden?« Es ist sehr gut möglich, daß das, was Sie vermieden haben, Sie daran gehindert hat, sich weiterzuentwickeln. Was mich angeht, so hatte ich es immer vermieden, Geschäftskleidung zu tragen. Mit meinen T-Shirts und Jeans fühlte ich mich als Rebell und meinte, denen überlegen zu sein, die resigniert hatten und jetzt Anzüge und Schlipse trugen. Immer noch trage ich Geschäftskleidung ungern. Wenn eine Situation jedoch korrekte und geschäftsmäßige Kleidung erfordert, dann hilft es, einen Anzug zu tragen, um bei den Leuten, mit denen man zu tun hat, einen guten Eindruck zu erwecken. Das habe ich inzwischen gelernt. Und natürlich wurde meine Bereitschaft, zu wachsen und meine Lektionen zu lernen, dadurch belohnt, daß ich mehr Geld verdiente.

Die *zweite* Frage: »Wenn ich keine Angst hätte, auf welche Weise würde ich mich dann anders verhalten?« Häufig hindern unsere Ängste uns daran, so zu handeln, daß wir beruflich und finanziell erfolgreich sind. Es gibt vielerlei Arten von Ängsten. Zu den üblichen gehören die Furcht vor Zurückweisung, die Furcht vor einem Fehlschlag und davor, ohne Geld dazustehen oder etwas nicht wirklich zu können. Wenn Sie eine Liste aufstellen, auf welche Weise Sie sich anders verhalten würden, wenn Ihre Angst Sie nicht daran hinderte, werden Sie wahrscheinlich verschiedene Löcher in Ihrem Geldballon finden. Als nächstes müssen Sie sich nur noch entscheiden, welches das größte und hinderlichste ist, und anfangen, daran zu arbeiten.

Die *dritte* und letzte *Frage* können Sie sich immer dann stellen, wenn Sie mit einer Situation konfrontiert sind, die sich nicht so positiv entwickelt, wie Sie es möchten. Fragen Sie sich einfach: »Was kann mir diese Situation über mich selbst zeigen?« Wie ein guter Lehrer wird Ihnen diese Frage helfen, die fruchtlose Suche nach Sündenböcken aufzugeben und für das, was geschieht, die Verantwortung zu übernehmen. Um den Aspekt der Verantwortung noch genauer einzugrenzen, können Sie sich weiter fragen: »Welche Mängel meiner Persönlichkeit haben möglicherweise zu dieser Situation geführt, und wie kann ich an ihnen arbeiten?« Diese Fragen sind zweifellos eine große Herausforderung, sie sind aber zugleich eine große Chance, sich der Löcher in Ihrem Ballon bewußt zu werden.

Ich hatte einen Klienten namens Frank, der sehr wenig Geld verdiente, obwohl er ein hervorragender Schreiner war.

Er hatte nur wenige gute Referenzen vorzuweisen, und die Angebote, die er schrieb, waren immer so niedrig, daß er kaum einen Gewinn machte. Zunächst schob Frank die Schuld an seinen Problemen auf seine Kunden. In der Therapie wies ich Frank darauf hin, daß seine Schuldzuweisungen ihm kaum mehr Geld einbringen würden. Ich stellte ihm die Frage: »Welche Mängel Ihrerseits könnten zu dieser Situation geführt haben?« Beim Nachdenken über diese Frage gelang es Frank, zwei wichtige Dinge über sich selbst zu erkennen. Zunächst einmal erkannte er, daß er keine Referenzen bekam, weil er zu schüchtern war, um darum zu bitten. Mit anderen Worten: Er hatte Angst vor Zurückweisung. Zweitens war er nach Beendigung seiner Arbeit häufig schrecklich wütend über seine Kunden, weil das Angebot, das er geschrieben hatte, von Anfang an zu niedrig gewesen war. Seine Wut machte es natürlich noch unwahrscheinlicher, daß er Referenzen bekam.

Als er die Fragen »Welche Mängel meiner Persönlichkeit haben zu dieser Situation geführt, und wie kann ich an ihnen arbeiten?« beantwortete, erkannte er, daß seine Furcht vor Zurückweisung ihn zwang, seine Angebote sehr niedrig anzusetzen, und daß sie ihn daran hinderte, um Referenzen zu bitten. Er legte einen Schwur ab, daß er in Zukunft seine Angebote um 20 Prozent höher ansetzen und jeden seiner Kunden um wenigstens eine Referenz bitten werde. Das auch wirklich zu tun machte Frank angst, aber es zahlte sich aus. Er fand bald heraus, daß er, obwohl er nicht immer die Aufträge bekam, um die er sich bewarb, am Ende mehr Geld verdiente als zuvor. Da er jetzt bei jedem Auftrag mehr Geld verdiente, war er sehr viel freundlicher zu seinen Kunden. Als er sie nach Beendigung des Auftrags um Referenzen bat, wollten ihm die meisten gern weiterempfehlen. Innerhalb von zwei Monaten konnte Frank sein Einkommen beträchtlich steigern. Darüber hinaus waren seine Kunden zufriedener, weil seine Arbeit und seine Einstellung sich sehr verbessert hatten.

Selbst der beste spirituelle Lehrer kann einem Menschen, der nicht lernen will, nicht helfen. Andererseits kann jemand, der Informationen bereitwillig aufsaugt, aus jeder Situation und von jedem Menschen lernen. Eine alte Zen-Geschichte erzählt von einem Mönch, der dadurch Erleuchtung fand, daß er das Verhalten seines Hundes beobachtete. Wir alle können uns entscheiden, ob wir aus unseren Erfahrungen lernen oder aber verschiedene Abwehrmechanismen einsetzen wollen, um unsere Fehler vor uns selbst zu verbergen. Wenn wir wirklich aufnahmebereit sind, können die Lektionen, die unsere gegenwärtige Geld- und Arbeitssituation für uns bereithält, unser Wachstum im persönlichen Bereich oder in demjenigen von Spiritualität und Karriere sehr beschleunigen. Ich möchte Sie ermutigen, Ihre Freunde und sich selbst nach den Löchern in Ihrem Ballon zu fragen. Wenn Sie an Ihren Mängeln arbeiten, werden Sie stärker und wohlhabender werden, und Sie werden fähiger sein, einer Welt, die Ihre Hilfe braucht, etwas zu geben.

Gedächtnisstützen: wahrer Reichtum

1. Unsere Lebensgeschichte im Hinblick auf Geld und Arbeit kann uns wichtige Aufschlüsse über unsere Mängel geben. Wenn wir unsere Abwehrhaltung überwinden und die Lektionen annehmen, die uns angeboten werden, werden wir unser Geschick beim Geldverdienen und die Freude an unserer Arbeit steigern.

2. Wir alle haben »Löcher« in unseren »Geldballons«. Es ist unsere Aufgabe, die größten Löcher zu finden und sie zu flicken. Leider dienen die Abwehrmechanismen der Verleugnung, der Sündenbocksuche, der Ablenkung und der falschen Glaubenssätze oft dazu, unsere Mängel vor uns selbst zu verbergen.

3. Um Klarheit zu gewinnen, welches die größten Löcher in Ihrem Geldballon sind, fragen Sie einen Freund, dem Sie vertrauen. Oder stellen Sie, wenn Geld- oder Arbeitsprobleme auftauchen, sich selbst die folgende Frage: »Welche Mängel meiner Persönlichkeit können zu dieser Situation geführt haben, und wie kann ich an ihnen arbeiten?«

4. Kapitel

Ihr individuelles Geld- und Arbeitsprofil

»Es besteht ein gewaltiger Unterschied darin, ob man sehr viel Geld verdient oder ob man reich ist.«

MARLENE DIETRICH

Jeder Mensch auf der Welt hat individuelle Fingerabdrücke und eine individuelles DNA-Muster. Ich glaube, daß wir auch ein individuelles »Geld-Arbeits«-Muster haben. Durch unsere Gene und durch die Umgebung, in die wir hineingeboren wurden, entwickeln wir Glaubenssätze und Fähigkeiten und sind mit Herausforderungen konfrontiert, die das Schicksal für uns ganz speziell bereithält. Wir müssen uns der Aufgabe stellen, unseren individuellen Weg deutlich zu erkennen und ihn zu nutzen, um eine Methode des Geldverdienens zu entwickeln, die für uns angenehm und für andere wertvoll ist. Im letzten Kapitel sprach ich über die Notwendigkeit, die Lektionen anzunehmen, die Geld und Arbeit für Sie bereithalten. Wenn Sie sich jenen Lektionen öffnen, haben Sie den Kampf schon zur Hälfte gewonnen. Wenn Sie sich nun aber Ihrer ganz persönlichen Herausforderungen bewußt geworden sind – was tun Sie dann? Zunächst werde ich diese Frage beantworten, und dann werde ich erörtern, wie Sie die besonderen Stärken, die Ihnen geschenkt wurden, nutzen können.

Ihre spezifischen Herausforderungen

Sie sind in einer Familie aufgewachsen, die Ihnen sehr präzise Vorstellungen über Geld und Arbeit mitgegeben hat. Wenn Sie so sind wie die meisten Menschen, dann waren viele dieser Botschaften negativ oder sehr restriktiv. In Kapitel 1 habe ich eine Möglichkeit erörtert, wie Sie Ihre alten Assoziationen zum Thema Geld neu programmieren und mit dem in Kontakt kommen können, was Sie wirklich wertschätzen. Manchmal kann es jedoch hilfreich sein, bestimmte Botschaften, die Sie als Kind erhalten haben, zu analysieren und zu entfernen, wenn sie besonders schädlich sind. Beispielsweise arbeitete ich einmal mit einer Klientin namens Cheryl, die als Kind wiederholt die Botschaft hörte: »Das können wir uns erst leisten, wenn Großmutter gestorben ist.« Cheryl erinnert sich, daß sie nach einer Weile insgeheim hoffte, daß Großmutter sterben würde, damit sie endlich ein paar Dinge bekam, die sie sich wünschte. Nun ja, Großmutter starb schließlich, und Cheryl fühlte sich sehr schuldig. Noch als Erwachsene war sie überzeugt, daß der Besitz von Geld dazu führe, daß andere Menschen stürben oder ein Unglück erlitten. Kein Wunder, daß sie nie viel Geld hatte!

Welche negativen Botschaften über Arbeit und Geld haben Sie empfangen, als Sie aufwuchsen? Haben Ihre Eltern immer wieder bestimmte Dinge über Geld gesagt, an die Sie sich noch heute erinnern, beispielsweise: »Geld stinkt« oder »Ich hasse es, am Morgen zur Arbeit zu gehen«? Haben Ihnen Ihre Eltern durch die Art, wie sie mit Geld umgingen oder wie sie miteinander darüber stritten, bestimmte Botschaften übermittelt? Wahrscheinlich sind solche Botschaften noch immer irgendwo in Ihrem Unterbewußtsein lebendig und beeinflussen Ihr Verhalten, ohne daß Sie es merken.

Sie können auf eine einfache Weise mit solchen negativen Gedanken über Geld und Arbeit in Kontakt kommen, indem Sie die Wörter aufschreiben: »Ich verdiene Reichtum und Erfüllung.« Dann wiederholen Sie diesen Satz immer wieder und schreiben alle ihm widersprechenden Gedanken oder Bilder auf, die Ihnen in den Sinn kommen. In den Geldseminaren, die ich leitete, habe ich gelernt, daß die folgenden Sätze und Botschaften in vielen Elternhäusern üblich waren. Kommen Ihnen einige bekannt vor?

1. Das können wir uns nicht leisten! Wir sind nicht reich.
2. Die Arbeit war heute total frustrierend (oder etwas Ähnliches).
3. Der Chef hat mich die ganze Woche über genervt.
4. Ich schufte mich zu Tode, damit du ein Dach über dem Kopf hast.
5. Geld soll man sparen, nicht für irgendwelche Vergnügungen verplempern.
6. Geld macht nicht glücklich.
7. Man arbeitet, um seinen Lebensunterhalt zu verdienen, und nicht, um Spaß zu haben.
8. Geld zu verdienen ist hart, und am Ende des Arbeitstages ist man erschöpft und gereizt.
9. Du kannst froh sein, daß du überhaupt etwas besitzt; andere Menschen haben gar nichts.
10. Die Reichen sind Snobs.

Nachdem man sich eines bestimmten negativen Satzes oder einer Botschaft bewußt geworden ist, ist es wichtig zu wissen, wie man deren Wirkung neutralisieren kann. Ein einfacher Weg, um einschränkende Kindheitsbotschaften neu zu programmieren, ist die Formulierung einer Affirmation, die dieser Botschaft entgegenwirkt. Wenn Sie beispielsweise die Botschaft erhielten: »Geld soll man sparen und nicht für irgendwelche Vergnügungen verplempern«, dann formulieren Sie einen Satz, der jener Botschaft auf irgendeine Weise entgegenwirkt oder sie transformiert. Sie können beispielsweise folgende Affirmation aussprechen: »Ich will Geld in Freude bringende Unternehmungen und in meine Zukunft investieren.«

Es ist hilfreich, wenn der neu formulierte Satz *genau* zum Ausdruck bringt, welches Muster Sie jetzt zu leben bereit sind. Er sollte Ihnen ein gutes Gefühl vermitteln. Sie können ihn sich immer wieder vorsagen oder vorsingen. Nach einer Weile wird Ihr Unterbewußtsein wie ein Computer Ihr altes »Programm« auf den neuesten Stand bringen und die neue Botschaft, die Sie ihm eingeben, »installieren«.

Affirmationen sind kurze Statements oder Glaubenssätze, die Sie auf irgendeine Weise inspirieren oder Ihnen helfen, Ihre alte, einengende Konditionierung zu überwinden. Ich benutze zum Beispiel folgende Affirmation: »Reichlich Geld fließt mühelos in mein Leben.« Dieses Statement hilft mir, der Konditionierung entgegenzuwirken, der ich als Kind ausgesetzt war. Sie lautete: »Man muß sehr hart arbeiten und sich mit einer unbefriedigenden Arbeit abfinden, um zu Geld zu kommen.« Im folgenden eine Liste von Affirmationen, die Ihnen vielleicht hilfreich sein werden:

1. Je mehr Reichtum ich empfange, desto mehr Liebe kann ich geben.

2. Gott hat mir Talente geschenkt, mit denen ich Geld verdienen kann, damit ich andere und mich selbst fördere.

3. Wenn ich mein wahres Selbst in der Welt zum Ausdruck bringe, werde ich mit materiellem Überfluß belohnt.

4. Ich genieße die Herausforderung der finanziellen Meisterschaft.

5. Wenn ich den Menschen mein Allerbestes gebe, empfange ich Reichtum, Liebe und Freiheit.

Wenn eine dieser Affirmationen Sie in irgendeiner Weise berührt, dann benutzen Sie sie. Oder formulieren Sie, wenn Ihnen das lieber ist, einen Satz, der Ihren spezifischen Bedürfnissen entspricht. Affirmationen können ganz besonders wirkungsvoll sein, wenn man sie mit intensiven mentalen Bildern, Geräuschen und Gefühlen verbindet.

Wenn Sie eine Affirmation wiederholen und sich zugleich Ihren ganz individuellen Geldtraum ausmalen, erzeugen Sie eine emotionale Kraft, mit der Sie alle Hindernisse beiseite schieben. Meine Klientin Cheryl erkannte, daß sich in ihrem Bewußtsein der Glaubenssatz festgesetzt hatte: »Das Geld, das ich bekomme, ist mit dem Leben eines anderen Menschen erkauft.« Dies ist nicht gerade eine inspirierende Vorstellung. Ich fragte sie deshalb: »Welchen Glaubenssatz über Ihr Geld hätten Sie denn gern?« Sie sagte, sie würde gern glauben, daß das Geld, das sie bekommt, ein Geschenk Gottes sei, damit sie ein besserer Mensch werde. Ich schlug vor, sie solle sich viele Male täglich vorsingen: »Gott schenkt mir Geld, damit ich frei und sorglos bin auf dieser Welt.« Ich weiß, daß das sentimental klingt, aber das Unterbewußtsein mag sentimentale Affirmationen. Das ist der Grund, warum wir in Werbespots im Fernsehen und in Werbesendungen im

Radio so viele »Ohrwürmer« und Slogans hören. Nachdem Cheryl einmal angefangen hatte, diesen Satz zu singen, fand sie es schwierig, ihn wieder aus ihrem Kopf zu vertreiben. Innerhalb weniger Tage spürte sie, daß sie jetzt ganz anders reagierte, wenn sie Geld bekam. Und innerhalb weniger Monate verdiente sie mehr Geld als zuvor!

Zwar macht das Neuprogrammieren der restriktiven Botschaften, die Sie als Kind empfingen, ein wenig Arbeit, aber es ist sehr lohnend. Viele meiner Klienten haben mir erzählt, sie hätten nicht erkannt, wie belastend ihre alten Glaubenssätze waren, bis sie sie losließen. Ein Klient beschrieb die Veränderung mit folgenden Worten: »Ich ging zur Arbeit mit einem Gefühl, als hätte ich einen ganzen Autobus auf meinen Schultern. Ich kam jeden Tag mit dem Gefühl nach Hause, völlig erledigt zu sein. Nachdem ich nun eine Woche lang meinen neuen Satz singe, habe ich das Gefühl, ich ginge mit einem Schutzengel auf der Schulter zur Arbeit. Und wenn ich nach Hause komme, habe ich immer noch Energie.«

Es ist niemals zu spät, das zu verändern, was sich zwischen Ihren Ohren festgesetzt hat.

Das kosmische Warm-und-kalt-Spiel

Erinnern Sie sich an das »Warm-und-kalt«-Spiel, das Sie als Kind spielten? Jemand versteckte einen Gegenstand, beispielsweise einen Groschen, und Sie mußten versuchten, ihn zu finden. Wenn Sie sich der Stelle näherten, wo er versteckt war, riefen die anderen Kinder: »Warm!« Wenn Sie sich vom Versteck entfernten, wurde es »kalt«. Wenn Sie das Versteck schon fast gefunden hatten, riefen alle Kinder: »Heiß, heiß, heiß!«, und Sie wußten, wo der Groschen lag.

Ich glaube, daß Gott mit jedem von uns eine Art »Warm-und-kalt-Spiel« spielt. Wir alle versuchen, den perfekten Job zu finden: Arbeit, die uns Freude macht und uns Geld einbringt. Gott – oder das Universum – schickt uns ständig Botschaften darüber, ob wir uns diesem Ziel nähern oder uns von ihm entfernen. Er tut dies auf zwei Wegen. Der eine: Wenn wir Spaß an unserer Arbeit haben und sie als besonders lohnend empfinden, werden wir »wärmer«. Eine solche innere Erfahrung bedeutet, daß wir etwas richtig machen. Wenn wir das Gefühl haben, daß unsere Arbeit nicht lohnend oder langweilig ist, werden wir »kälter«. Es ist Zeit, die Richtung zu überdenken, in die wir gehen.

Die zweite Möglichkeit, Botschaften darüber zu empfangen, ob wir auf der richtigen Spur sind, ist das Feedback, das wir von der äußeren Welt bekommen. Wenn Sie etwas erfinden und jemand Ihnen eine Menge Geld dafür bietet, ist das ein Hinweis, daß Sie Ihre Sache richtig machen. Wenn Sie dagegen für das, was Sie produzieren, nie einen Käufer finden, kann das ein Hinweis darauf sein, daß etwas nicht ganz in Ordnung ist. Wenn Sie den inneren und äußeren Botschaften lauschen, die das Universum Ihnen schickt, können Sie sehr bald lernen, sich dem Schatz zu nähern, der Sie erwartet – Arbeit, an der Sie Spaß haben und die Ihnen etwas einbringt.

Zu Anfang meiner beruflichen Laufbahn wandte ich eine andere Technik an, um herauszufinden, was ich tun sollte. Ich dachte, wenn ich genügend lange meditierte, würde Gott mit Donnerstimme zu mir sprechen und mir genau sagen, welchen Weg ich einschlagen solle. Ich nenne dies das »Moses-Modell«. Viele spirituell gesinnte Menschen glauben, daß Gott eines Tages deutlich hörbar zu ihnen sagen werde: »Du mußt diesen Weg gehen!« Schließlich hat er das bei Moses getan, warum also nicht auch bei Ihnen und mir? Aber eigentlich verhielt sich die Sache auch bei Moses ein wenig anders. Moses mußte viele Jahre lang allein herumprobieren, bevor Gott ihm direkte und klare Führung gab. Ich glaube, daß wir dasselbe tun müssen. Erst nach einer langen Zeit des Lauschens auf das »Heiß«- oder »Kalt«-Feedback, das wir vom Universum bekommen, wird deutlich, was wir nach Gottes Plan tun sollen.

Nachdem ich viele Jahre lang sehr deutlich wahrgenommen hatte, wann ich »wärmer« oder »kälter« wurde, wurde mir mein ganz individuelles Lebensziel schließlich klar. Dennoch bin ich viele Umwege gegangen, bis ich endlich mein Ziel erreichte, nämlich zu wissen, welche Arbeit ich im Leben tun sollte. Ich mußte Dutzende von Botschaften über mich ergehen lassen, die im Grunde alle lauteten: »Kalt, kalt! Du frierst!« Glücklicherweise wurde das Bild nach einer Weile verblüffend deutlich, etwa wie bei einer Zeichnung, bei der man einzelne Punkte verbinden muß. Mit jeder Botschaft, daß ich nicht auf dem richtigen Weg sei, wurde ich weiser; mit jeder Botschaft, daß ich auf dem richtigen Weg sei, wurde ich reicher und fähiger, anderen etwas zu geben. Ich entwickelte Durchhaltevermögen und Mitgefühl. Durch diesen Feedbackprozeß lehrt uns Gott, stark, flexibel, beharrlich und demütig zu sein.

Einige Menschen sind insgeheim wütend auf Gott, weil er sie nicht auf direktem Weg zu dem führt, was sie tun sollen. Sie möchten noch nicht aktiv werden, denn sie sind noch unsicher. Aber ich glaube, daß wir den »Warm-und-kalt-Prozeß« durchlaufen müssen, um stärkere und spirituellere Menschen zu werden. Nur indem wir Schwierigkeiten überwinden, entwickelt sich unsere Spiritualität, genauso wie wir nur dadurch körperlich kräftiger werden, daß wir unsere Muskeln stählen. Ich habe an mir selbst beobachten können, daß das Durchlaufen dieses Prozesses mich intelligenter und fähiger machte und daß ich besser in der Lage war, mit den vielen Herausforderungen der materiellen Welt fertig zu werden.

Ich würde gerne behaupten, daß ich meine Lektionen gelernt habe und daß das universale Warm-und-kalt-Spiel für mich jetzt zu Ende sei. Aber das stimmt nicht. Als mein zweites Buch, *The little Book of Big Questions*, herauskam, fühlte ich intuitiv, daß ich keine Werbung dafür zu machen brauche. Dann schaltete sich mein linear denkendes Gehirn ein und sagte mir, ich müsse Werbung machen, sonst werde nie jemand davon hören. Im Laufe mehrerer Wochen gelang es mir, mehr als 300 Radiostationen und Zeitungen anzurufen und ihnen von meinem Buch zu erzählen – und ich haßte jede Minute, in der ich das tat. Zu meinem Erstaunen kam von niemandem eine Reaktion. Das Universum schrie mich praktisch an: »Du frierst.« Ich erkannte, daß ich nicht auf dem richtigen Weg war, und bat eine Freundin, mir zu helfen und mich zu führen. Sie schlug vor, daß ich das Buch noch einmal lesen und mir dabei bewußtmachen solle, wie wertvoll es sei. Sie schlug mir außerdem vor, nicht sofort Werbung zu machen, sondern statt dessen in der Meditation zu fragen, ob es irgendeinen leichten und vergnüglichen Weg gebe, andere von dem Buch wissen zu lassen.

In der Meditation kam mir die Idee, daß am Weihnachtstag Familien die Fragen in meinem Buch benutzen könnten, um über spirituelle Themen zu reden und den Geist des Weihnachtsfestes lebendig zu erhalten. Ich rief ein einziges Mal bei CNN an, um ihnen meine Idee nahezubringen, und die Leute waren begeistert. Sie interviewten mich ganze 15 Minuten lang, und das Interview lief außerordentlich gut. Dann sahen die Produzenten der *Oprah*-Talkshow dieses

Interview und beschlossen, mich zu einer Show einzuladen. Durch einen einzigen gezielten Anruf und eine einzige Idee gelangte mein Buch nun auf die Bestsellerliste. Mit Gott gemeinsame Sache zu machen ist sehr viel lustiger und lohnender, als seine eigenen Vorstellungen durchsetzen zu wollen.

Als spirituelle Wesen sind wir gefordert, ein subtiles Gleichgewicht aufrechtzuerhalten. Ein Teil unserer Aufgabe besteht darin, immer wieder aktiv zu werden und aus dem Feedback, das wir erhalten, zu lernen – so wie im »Warmund-kalt-Spiel«. Der andere Teil besteht darin, aktiv zu werden und uns dabei von unserer inneren Stimme leiten zu lassen. Im obigen Beispiel verfiel ich in einen hektischen Aktionismus, aber meine Handlungen waren nicht in Einklang mit meiner Intuition. Deshalb waren die Ergebnisse nicht befriedigend. Das Suchen nach dem Gleichgewicht zwischen Intuition und Aktion ist ein fortlaufender Prozeß. Aber Sie empfangen dabei ständig Signale, die Ihnen anzeigen, wann Sie auf die eine oder andere Seite abgewichen sind.

Daß Sie sich dem »Moses-Modell« verschrieben haben (daß Sie also nicht genügend aktiv werden), erkennen Sie daran, daß nichts zustande kommt. Zu handeln und einen Fehlschlag zu erleiden ist besser, als überhaupt nicht zu handeln. Wir alle kennen Menschen, die grandiose Visionen haben von dem, was sie gerne erschaffen würden, aber nie etwas anderes tun, als zu träumen. Das ist schrecklich schade, weil ihre Ideen möglicherweise großartig sind. Aber es mangelt diesen Menschen an der »Stärke«, ihre Träume zu verwirklichen. Sie sind gefordert, das *learning by doing* (lernen durch tun) zu praktizieren, ein paar Umwege zu machen und durch ihre Bemühungen weiser zu werden.

Andererseits gibt es Menschen, die immer aktiv sind, aber niemals auf das hören, was ihre Seele sagt. Sie leisten viel, und manchmal steigen Sie sogar bis zur Spitze auf. Aber ihr Gefühl von Unzufriedenheit beweist, daß sie nicht auf dem richtigen Weg sind. Wenn wir uns in unseren Handlungen allein vom Wunsch nach Profit leiten lassen, wirkt sich das auf die Seele, die Beziehungen zu anderen Menschen und sogar den Planeten schädlich aus. Nur wenn wir im Gleichgewicht leben und handeln und uns von Gottes Willen leiten lassen, können wir unsere Träume verwirklichen und auch noch Spaß dabei haben.

Ihre Talente in bare Münze verwandeln

Im Geschäftsleben und im Marketing gibt es ein wichtiges Konzept, das *unique selling proposition* oder U.S.P. heißt. Im wesentlichen bezieht es sich auf den Aspekt Ihres Produkts oder Ihrer Dienstleistung, der sich von denjenigen Ihrer Konkurrenten unterscheidet. Wenn Sie Ihre *unique selling proposition* kennen, ist es möglich, Ihr Produkt oder Ihre Dienstleistung sehr viel effektiver zu vermarkten. Ich habe das Konzept der U.S.P. aufgenommen und es abgewandelt in das der *unique skills and abilities* (dt. einzigartige Talente und Fähigkeiten) oder U.S.A. Wenn Sie wissen, welches Ihre ganz besonderen, einzigartigen Talente und Fähigkeiten sind, können Sie wertvolle Hinweise darauf erhalten, welche Art Arbeit Ihnen am meisten Befriedigung und Gewinn einbringt.

Ich hatte eine Klientin namens Michelle, die in meine Praxis kam, weil sie unglücklich und unzufrieden war. Sie hatte einen Job als Rezeptionistin, langweilte sich aber schrecklich dabei. Mir war klar, daß ihre Unzufriedenheit zum Teil dadurch ausgelöst worden war, daß sie ihre einzigartigen Talente und Fähigkeiten nicht nutzte. Ich fragte sie: »Was können Sie nach der Ansicht Ihrer Freunde besonders gut?« Sie antwortete, daß sich ihre Freunde häufig darüber lustig machten, wie gut organisiert sie sei und wie sauber und aufgeräumt ihre Wohnung immer ausschaue. Deshalb fragte ich sie: »Haben Sie Spaß am Organisieren und Aufräumen?« Michelle blühte geradezu auf, als sie erzählte, wieviel Spaß es ihr mache, Anlässe zu organisieren und durchzuführen. Sie nannte mir ein paar Beispiele von Parties, die sie für ihre Freunde organisiert, und von Anlässen, die sie für Wohltätigkeitsorganisationen durchgeführt hatte. Sie hatte sich ganze Systeme ausgedacht, um ihr Leben besser zu bewältigen.

Wie jeder Mensch hatte Michelle einzigartige Fähigkeiten. Leider nutzte sie sie in ihrem Job nicht. Deshalb fühlte sie sich gelangweilt und unzufrieden. Ich schlug vor, daß sie sich eine Arbeit suchen solle, wo sie mehr Verantwortung habe und ihre phantastischen organisatorischen Fähigkeiten nutzen könne. Sie hatte aber zuviel Angst, um ihren gegenwärtigen Job aufzugeben, ohne zu wissen, was sie finden würde. Nachdem wir eine Weile lang diskutiert hatten, nahm sie meine Idee auf, als Partyorganisatorin in ihrer Freizeit ein kleines Unternehmen aufzumachen. Sie ließ sich ein paar Geschäftskarten drucken und schaltete eine Anzeige in der Zeitung. Es dauerte zwei Monate, bis sie ihren ersten Auftrag bekam. Sie machte ihre Arbeit so gut, daß innerhalb von sechs Monaten mehr Aufträge hereinkamen, als sie bewältigen konnte. Deshalb kündigte sie ihren Job als Rezeptionistin und wurde vollzeitliche Party-und-Event-Organisatorin. Eine Nebenwirkung ihres Jobwechsels war die Tatsache, daß ihre Unzufriedenheit verschwand. Ihre einzigartigen Talente und Fähigkeiten zu nutzen kann Ihnen große Vorteile einbringen.

Wenn Sie es Michelle gleichtun möchten, dann müssen Sie drei wichtige Schritte tun, um Ihre einzigartigen Talente und Fähigkeiten in bare Münze zu verwandeln. Finden Sie zunächst einmal die Antwort auf die erste Frage, die ich Michelle stellte: Was können Sie nach Meinung Ihrer Freunde besonders gut? Wenn möglich, sollten Sie diese Frage mehreren Menschen aus Ihrem Freundeskreis stellen. Ihre Antworten werden Sie unter Umständen überraschen. Es ist auch hilfreich, sich selbst diese Frage zu stellen und eine Liste der Antworten zu machen, die Ihnen einfallen. Fragen Sie sich als nächstes: »Was tue ich gerne?« Auch hier ist es hilfreich, eine Liste aufzustellen. Fragen Sie sich dann: »Wie kann ich diese Fähigkeiten und die Dinge, die mir Spaß machen, nutzen, um Geld zu verdienen?« Vielleicht möchten Sie diese Frage sogar beim Meditieren stellen und auf eine Antwort warten, die sich richtig anfühlt. Die Antwort kommt möglicherweise nicht sofort. Aber schon in der Bibel heißt es: »Bitte, und dir soll gegeben werden.« Wenn Sie sich lange genug auf diese Frage konzentrieren, wird Ihnen die Antwort immer klarer werden.

Wenn Sie einen Hinweis bekommen haben, wie Sie Ihre einzigartigen Talente und Fähigkeiten nutzen können, um mehr Geld zu verdienen, beginnen Sie mit der Umsetzung. Nehmen Sie bei jeder Handlung das Warm-und-kalt-Feedback wahr, das Sie empfangen. Im Laufe der Zeit werden Sie zu einer Arbeit geführt werden, die Ihnen Spaß macht und Geld einbringt. Sie brauchen nicht sofort alle Antworten zu kennen (das Moses-Modell), um Ihre Reise zum Reichtum anzutreten. Gerüstet mit Ihren einzigartigen Talenten und Fähigkeiten und der Bereitschaft, aus dem Feedback zu lernen, können Sie der Straße folgen, die zu Reichtümern führt – sowohl im Inneren als auch im Äußeren.

Gedächtnisstützen: wahrer Reichtum

1. Das Wissen um Ihre einzigartigen Talente und die Hindernisse auf dem Weg zum Reichtum kann Ihnen helfen, Chancen zu ergreifen, um Geld zu verdienen und persönlich zu wachsen. Wenn Sie beispielsweise die negativen Geldprogramme Ihrer Kindheit kennen, können Sie eine angemessene Affirmation formulieren, um ihre Wirkung zu neutralisieren.

2. Hören Sie auf das äußere und innere Feedback des Universums, um zu erkennen, wohin Sie »geführt« werden. Wenn Sie Spaß an etwas haben, wenn es sich richtig anfühlt oder großartige Ergebnisse bewirkt, bedeutet das wahrscheinlich, daß Sie »wärmer« werden. Wenn sich etwas falsch oder sinnlos anfühlt oder schlechte Ergebnisse bewirkt, dann bedeutet das höchstwahrscheinlich, daß Sie »kälter« werden.

3. Wenn Sie wissen, worin Sie gut sind und was Sie gern tun würden, können Sie Ihre Talente und Fähigkeiten nutzen, um auf eine Weise Geld zu verdienen, die Ihnen Spaß macht.

Teil II

Von der Seele zu Gott

5. Kapitel

Die Seele bei der Arbeit

»Wo der ganze Mensch beteiligt ist, gibt es keine Arbeit.«
MARSHALL MCLUHAN

Was die Seele ist, ist schwer zu definieren. Meyers großes Taschenlexikon definiert sie als »das geistige, lebenspendende Prinzip im Menschen«. Was auch immer die Seele sein mag, es besteht Übereinstimmung darüber, daß sie dem Menschen etwas Edles, Wertvolles verleiht, das Ausdruck einer höheren Macht ist. Auf der anderen Seite haben die Wörter *Geschäft* oder *Arbeit* nicht unbedingt einen Beiklang von Güte. Tatsächlich ist häufig das Gegenteil der Fall. Manchmal sagen die Leute: »Er macht sein Geschäft«, um zu beschreiben, daß ein Hund seinen Haufen auf die Straße setzt oder daß ein Kind in die Windel macht. Die Umschreibung *ein Geschäft, an dem die Seele beteiligt ist,* klingt für viele Menschen wie eine Verbindung zweier sich ausschließender Begriffe. Es gibt jedoch viele »Eigenschaften« oder »Merkmale« der Seele, die für die Arbeit in der Tat äußerst wertvoll sein können. Menschen, die diese seelischen Eigenschaften beim Aufbau ihrer Karriere nutzen, werden inneren und äußeren Erfolg haben.

In diesem Kapitel werde ich fünf Eigenschaften der Seele näher erläutern. Ich werde beschreiben, wie man mit diesen seelischen Eigenschaften in Kontakt kommt und wie sie für die Arbeit genutzt werden können. Die fünf Aspekte der Seele, die ich ausgewählt habe, sind: Leidenschaft, Kreativität, selbstloses Dienen, Gleichmut und Demut. Ich hätte auch andere Eigenschaften der Seele auswählen können, aber diese fünf haben einen wesentlichen Einfluß darauf, wie wir an unsere Karriere herangehen. Wenn Sie einmal wissen, wie diese fünf spirituellen Charakteristika Ihren Erfolg bei der Arbeit beeinflussen, werden Sie, so hoffe ich, besser verstehen, wie Sie die Kraft Ihrer Seele bei der Arbeit freisetzen und nutzen können.

Merkmal 1:
Sich seiner Leidenschaft widmen

In Kapitel 3 sprach ich von der unerwarteten Schlußfolgerung Srully Blotnicks auf die Frage, welche Menschen reich werden. Er meinte zuerst, dies seien Menschen im Immobilienhandel oder in hochbezahlten Jobs in großen Unternehmen. Seine Forschungsergebnisse ergaben jedoch etwas anderes. Nachdem er Berge von Daten ausgewertet hatte, kam Blotnick zum Schluß, daß es immer die waren, die von ihrer Arbeit begeistert waren. Gleichgültig, in welchem Bereich die Menschen arbeiteten – wenn Sie sich leidenschaftlich für ihre Arbeit engagierten, gelangten sie in ihrem Bereich an die Spitze, dorthin, wo das große Geld war. Wenn Ihnen Ihre Erwerbstätigkeit wirklich Spaß macht, brauchen Sie niemals zu *arbeiten,* um sich ihren Lebensunterhalt zu verdienen.

In Kapitel 2 schlug ich unter der Überschrift »Zielgerichtetheit« ein Statement zu Ihrer persönlichen Aufgabe vor, das verdeutlichen soll, wofür Sie sich im Leben leidenschaftlich engagieren möchten. Wenn Sie einmal eine Vorstellung davon haben, besteht der nächste Schritt darin, herauszufinden, wie Sie damit Geld verdienen können – wenn das nicht bereits der Fall ist. Sie können Gott oder Ihrer Intuition die Frage stellen: »Wie kann ich mit einer Arbeit Geld verdienen, die mir Freude macht und für die ich mich leidenschaftlich engagiere?« Sie können sich dabei auf Ihre Intuition verlassen. Sie können diese Frage auch Ihren Freunden und Kollegen stellen und den Menschen, die in dem Bereich, für den Sie sich interessieren, bereits Geld verdienen. Sie brauchen nicht jedesmal bei Adam und Eva anzufangen. Wenn Sie jemanden kennen, der in dem Bereich, in dem Sie gerne arbeiten würden, seinen Lebensunterhalt verdient, rufen Sie ihn oder sie an. Schildern Sie Ihre Situation, und bitten Sie ihn um Rat. Ich selbst habe dies viele Male getan und dabei entdeckt, daß die Menschen sehr hilfsbereit sind und sehr großzügig mit ihrer Zeit umgehen.

Vielleicht wissen Sie bereits, was Sie leidenschaftlich gerne tun würden, aber Sie haben zu viel Angst davor, Ihre alte Einkommensquelle aufzugeben, um sich dieser neuen Aktivität voll zu widmen. Wenn Sie sorgfältig planen, können Sie den Übergang von Ihrem alten Job zu einer neuen Karriere fließend gestalten. Heutzutage wechseln (in den Vereinigten Staaten) die Leute im Laufe ihres Lebens durchschnittlich siebenmal den Job. Es ist durchaus üblich, an einem Arbeitsplatz zu bleiben, während man sich finanziell oder durch eine Zusatzausbildung auf einen anderen vorbereitet. Wenn Sie einen schriftlichen Plan aufstellen (in Kapitel 7 werden Sie dazu ein paar Anleitungen finden), können Sie die Unsicherheit vermeiden, die Ihnen vielleicht beim Gedanken, Ihre Einkommensquelle zu wechseln, aufkommt.

Merkmal 2: Selbstloses Dienen

Seit Anbeginn der Zeiten war selbstloses Dienen ein Aspekt fast jeder spirituellen Tradition. Trotz seiner respektierten Position in den spirituellen Traditionen hat das Konzept des selbstlosen Dienens in der Geschäftswelt keinen Anklang gefunden, im Gegenteil. Eine gute Dienstleistung, geschweige denn selbstloses Dienen sind heute in Nordamerika seltene Güter. Die Menschen neigen dazu, gerade so viel zu tun, daß sie damit durchkommen. Das Ergebnis dieser Arbeitshaltung ist ein allgemeiner Zynismus und ein Mangel an Loyalität auf seiten des Kunden. Wenn Sie die Kunst des selbstlosen Dienens im Geschäftsleben erlernen und üben, werden Sie mehr Spaß an Ihrer Arbeit haben, spirituell wachsen und sich mehr geschäftliche Kontakte schaffen, als Sie je für möglich gehalten haben.

Als meine Freundin Helena begann, für sich als Massagetherapeutin Werbung zu machen, ging sie in Büros und bot den Firmenmitarbeitern eine kostenlose zehnminütige Massage an. Ihr primäres Motiv war selbstloses Dienen. Es machte ihr Freude, wenn sich die Leute danach gut fühlten – ihnen kostenlose Massagen zu geben war ihre ganz persönliche Geste der Dankbarkeit. Wenn jemand sie nach der Massage um ihre Geschäftskarte bat, gab sie sie ihm, aber sie hatte nicht die Absicht, ihm etwas zu verkaufen. Ihre uneigennützige Motivation zahlte sich aus. Viele Leute baten sie um ihre Karte, weil sie Helenas aufrichtiges Engagement für ihr Wohlbefinden spürten. Ohne irgendeine Art von Verkaufsgespräch zu führen, besaß Helena schon bald eine florierende Praxis für therapeutische Massagen.

Ich definiere selbstloses Dienen als die Kunst, Menschen soviel zu geben, daß es ihre Erwartungen übertrifft – einfach, weil es Freude macht. Wenn wir unser Denken danach ausrichten, wie wir den Menschen unser Bestes geben können, wird das unsere Freude an der Arbeit vertiefen. In Seminaren pflegte ich früher mein Bestes nur bei den seltenen Gelegenheiten zu geben, wenn ich eine große Zuhörerschaft hatte. Aber ich fand heraus, daß ich selbst mehr Freude an meiner Arbeit hatte, wenn ich mich die ganze Zeit über hundertprozentig einsetzte. Die Seminarteilnehmer hatten mehr davon, und ich hatte bald eine sehr viel größere Zuhörerschaft, der ich mein Bestes geben konnte!

Wenn ich die verschiedenen Unternehmen betreue, die mich als Berater beauftragen, bin ich häufig erstaunt über das generell gleichgültige und gedankenlose Verhalten ihrer Angestellten. Ihre Einstellung scheint zu sein: »Es war so angenehm, ein bißchen herumzusitzen, und dann kommt dieser Kunde herein und erwartet von mir, daß ich ihm helfe – ist das denn die Möglichkeit?« Um die Kosten zu senken, haben viele Unternehmen Angestellte entlassen – mit dem Ergebnis, daß noch weniger Service geboten wird. Dabei sind, wie ich festgestellt habe, viele Leute bereit, mehr Geld zu zahlen, wenn sie dafür einen guten Service erhalten. Ich habe bei mir selbst beobachtet, daß ich Unternehmen vorziehe, die sich um überdurchschnittliche Leistungen bemühen – obwohl sie vielleicht ein wenig mehr berechnen. In den Firmen, wo ich Vorträge gehalten habe, scheint eine weitgehende Übereinstimmung darüber zu herrschen, daß sich hervorragender Service im Laufe der Zeit auszahlt. Der Grund ist einfach: Hervorragender Service führt dazu, daß die Kunden wiederkommen und daß man immer wieder gute Referenzen bekommt – und Stammkunden und gute Referenzen sind das leichteste und wirkungsvollste Mittel, um ein Geschäft aufzubauen.

97

Warum aber macht dann nicht jedes Unternehmen hervorragenden Service zu einer Priorität? Aus zwei Gründen. Zunächst einmal kostet guter Service anfänglich mehr. Er bedeutet, daß man besser motivierte und ausgebildete Angestellte braucht oder eine größere Zahl von Angestellten oder Arbeitern auf ein bestimmtes Projekt ansetzen muß. Der an der Bilanz erkennbare Vorteil einer hervorragenden Dienstleistung wird erst nach einer Weile offensichtlich (wenn die Kunden wiederkommen oder wenn Referenzen gegeben werden).

Leider denken die meisten Unternehmen heutzutage ausschließlich an ihre Vierteljahresbilanz anstatt an ihre langfristigen Perspektiven. Der zweite Grund, warum hervorragende Dienstleistungen so rar sind, ist der, daß sie anfänglich mehr Arbeit erfordern und es schwer ist, Menschen zu finden oder auszubilden, die bereit sind, soviel Energie zu investieren. Und doch ist es Energie, die gut genutzt wurde. Eine Firma, die sich einen Ruf von Zuverlässigkeit und hoher Leistungsfähigkeit aufgebaut hat, kann diesen guten Ruf an ihrem Bankkonto ablesen.

Wir haben bisher die finanziellen Vorteile eines hervorragenden Service erörtert – doch was ist mit den spirituellen Vorteilen? Auch die werden von den meisten Menschen nicht genutzt, weil der anfängliche Gewinn nicht ins Gewicht zu fallen scheint. Der langfristige Gewinn ist allerdings gewaltig. Menschen, die sich bei der Arbeit immer fragen: »Was kann ich dabei für mich herausholen?«, müssen für diese Einstellung einen hohen Preis zahlen. Dieses Denken erzeugt Zynismus, Neid, Mangel an Kooperation, Apathie und verringert die Produktivität. Stellen Sie sich einmal vor, welches Gefühl Ihre Arbeit Ihnen vermitteln würde, wenn Sie jeden Kunden, den Sie bedienen, oder jedes Projekt, an dem Sie arbeiten, als

Möglichkeit betrachteten, Gott zu dienen? Versuchen Sie einmal, sich in dieses Gefühl hineinzuversetzen!

Als die verstorbene Mutter Teresa gefragt wurde, wie es ihr möglich sei, ihre schwere Arbeit zu tun, lautete ihre Antwort: »Ich sehe meinen geliebten Christus in all seinen traurigen Verkleidungen. Wie kann ich da den Menschen *nicht* dienen?« Wenn wir lernen, die Menschen, mit denen wir geschäftlich zu tun haben, als bedürftige Wesen wahrzunehmen, kann uns das dazu motivieren, ihnen aus tiefstem Herzen zu dienen, anstatt nur aus dem Bedürfnis heraus, Geld zu verdienen.

Wenn ich einem Klienten in der Psychotherapie helfe, stelle ich mir häufig die Frage: »Wie würde ich gerne behandelt werden wollen, wenn ich in seiner Haut steckte?« Ich frage auch: »Wie kann ich ihm soviel geben, daß es seine Erwartungen übertrifft?« Wenn ich diese beiden Fragen stelle, konzentriere ich mich auf seine Bedürfnisse anstatt auf meine. Ihm mein Bestes zu geben löst ein Gefühl von freudiger Erregung in mir aus. Ich liebe es, wenn die Leute sagen, sie hätten mehr bekommen, als sie erwarteten. Meinen Klienten mein Bestes zu geben vermittelt ihnen ein gutes Gefühl – und mir auch.

Ein Freund von mir – er ist Chiropraktiker – erkannte, daß seine Motivation, nämlich Menschen zu helfen, nach vielen Jahren erfolgreichen Praktizierens nachgelassen hatte. Ursprünglich war er Chiropraktiker geworden, um Menschen zu helfen, aber der Erfolg und das Streben nach Geld hatten diese altruistischen Gefühle nach und nach verdrängt. Um wieder zu seiner ursprünglichen, reinen Motivation zurückzufinden, schaltete er eine große Anzeige in der Lokalzeitung: »Chiropraktiker bietet allen Bedürftigen kostenlose Behandlungen.« In der Anzeige erklärt er auch, warum er bereit war, bedürftige Patienten kostenlos zu behandeln (an einem Tag in der Woche). Hunderte verzweifelter Menschen erschienen, um sein Angebot in Anspruch zu nehmen. Als ihm Menschen, die unter großen Schmerzen gelitten hatten, überglücklich dafür dankten, daß er ihr Leben verändert habe, kam mein Freund wieder in Kontakt mit seinem Bedürfnis, Menschen zu dienen. Zwar machte er sich Sorgen über die Wirkung seines Angebotes auf seine zahlenden Patienten, aber das Gegenteil trat ein: Er steigerte sein Einkommen. Zu einem Chiropraktiker zu gehen, der bereit war, Menschen zu helfen, die nicht zahlen konnten, gab seinen Patienten ein gutes Gefühl.

Ram Dass erzählte mir einmal, wie er seinem Vater, einem prominenten Geschäftsmann, erklärte, warum er den Menschen mehr gab, als sie erwarteten. Sein Vater hatte ihn gefragt, warum er den Menschen für so wenig Geld so vieles gab. Ram Dass fragte ihn darauf: »Weißt du noch, als Onkel Harry deine Unterstützung brauchte und du ihm nichts berechnet hast?« Ram Dass' Vater antwortete: »Tja, natürlich habe ich ihm nichts berechnet – er ist schließlich dein Onkel Harry.« Ram Dass: »Also, genau das ist mein Problem. Bei jedem, dem ich diene, habe ich das Gefühl, er sei mein Onkel Harry.«

Wir sind alle miteinander verbunden. Was wir aussenden, kommt zu uns zurück. Den Menschen Ihr Bestes zu geben und ihnen zu dienen, als wären sie Ihr Onkel Harry, zeugt von Geschäftssinn – und nährt Ihre Seele.

Merkmal 3: Kreativität

Kreativität ist die dritte Möglichkeit, die Kraft des Göttlichen in Erfolg im Geschäftsleben zu verwandeln. Von Einsteins Relativitätstheorie bis zu Edisons Erfindung des Phonographen – kreative Ideen haben viele Menschen reich gemacht und die Entwicklung der Technologie vorangetrieben. In unserem Zeitalter des schnellen Wandels haben Menschen, die zu der kreativen Energie ihrer Seele Zugang haben, einen wesentlichen Vorteil gegenüber jenen, die nur mit der Herde laufen.

Früher war es so, daß nur bestimmte Rohstoffe wertvoll waren und daß die Menschen, die das Monopol über jene Rohstoffe innehatten, reich wurden. Die Dinge verändern sich rasch. Heute gibt es einen Markt von kreativen Ideen, und viele Menschen werden dadurch reich, daß sie eine neue Art erfinden, etwas zu tun. Beispielsweise ist Computersoftware im wesentlichen ein Erzeugnis menschlicher Kreativität – die Diskette selbst kostet fast nichts. Dasselbe gilt für Computerchips, die jetzt einer der wertvollsten Handelsartikel auf diesem Planeten sind – sie bringen sogar mehr Geld ein als Öl. Dennoch ist ein Computerchip selbst wertlos – er besteht aus nichts anderem als Sand. Es war die menschliche Kreativität, die Sand in eine so kostbare Ressource verwandelte!

Obwohl Kreativität auf dem Markt einen so hohen Wert hat, wird sie in den betriebswirtschaftlichen Fakultäten der Universitäten gewöhnlich weder gelehrt noch diskutiert, und Unternehmen pflegen ihre Angestellten nicht offen zu ermutigen, ihre Kreativität einzubringen. Viele Geschäftsleute haben Angst vor ihrer Kreativität; sie unterdrücken sie, um sich sicher zu fühlen. Wir müssen jedoch erkennen, daß die systematische Nutzung unserer kreativen Ideen und Impulse es uns ermöglicht, unser eigentliches Selbst, unsere Seele, in unsere Arbeit einzubringen.

Zwar ist es nicht das Hauptthema dieses Buches, wie man Zugang zu seiner Kreativität findet, aber ich möchte dennoch ein paar Grundregeln erläutern, die enorm hilfreich sind. Vielleicht besteht der wichtigste Schritt darin, die eigene kreative Energie wirklich wertzuschätzen. Die meisten Menschen finden es wichtiger, fernzusehen oder ständig irgend etwas zu »machen«, als auf ihre kreativen Impulse zu achten. Wie ein körperlicher Muskel, der nicht genutzt wird, verkümmern deshalb auch ihre kreativen Muskeln sehr bald.

Als ich 16 war, gingen mir viele Ideen für Schlagertexte durch den Kopf. Wenn dies geschah, hatte ich das Gefühl, an Gottes Gnade teilzuhaben. Ich wußte, daß es wichtig war, sie aufzuschreiben. Ich legte sogar ein Gelübde ab, daß ich sofort jede Arbeit unterbrechen würde, wenn ich den Zustrom kreativer Ideen spürte. Mein Gelübde wurde bei zahlreichen Gelegenheiten auf eine harte Probe gestellt – beispielsweise als mir ein Schlagertext ausgerechnet während meiner Abschlußprüfung an der Universität durch den Kopf ging. Dennoch habe ich mein Versprechen gehalten. Da ich die Wachsamkeit gegenüber meinen kreativen Ideen zu einer Priorität gemacht habe, fließen sie mir weiterhin reichlich zu. Während der letzten zwanzig Jahre habe ich einen Großteil meines Einkommens dadurch verdient, daß ich auf diese kreativen und intuitiven Impulse achtete und sie in die Realität umsetzte.

Es ist außerdem hilfreich zu wissen, was Sie daran hindert, sich Ihrer eigenen Kreativität zu öffnen, und was Ihnen hilft, ihr gegenüber empfänglich zu sein. Es gibt zahlreiche Bücher, die Ihnen in dieser Hinsicht wertvolle Anregungen geben können, beispielsweise *Der kreative Kick* von Roger

Von Oech, *Six Thinking Hats* von Edward DeBono und *Der Weg zum kreativen Selbst* von Julia Cameron und andere. Ich habe herausgefunden, daß die meisten Menschen bereits wissen, was ihre Kreativität fördert. Sie brauchen sich bloß zu fragen: »Was kann ich tun, um mich bei meiner Arbeit kreativen Impulsen zu öffnen?« Mir selbst sind häufige Kurzurlaube, tägliche Meditation, Sinn für Humor und die Fähigkeit, mit Ideen zu spielen, enorm hilfreich, um den Strom kreativer Ideen nicht versiegen zu lassen.

Es ist zudem wichtig zu wissen, was Sie davon abhält, kreative Energie als ständige Quelle der Inspiration in Ihrem Leben zu anerkennen. Manchmal bringt ein falscher Glaubenssatz oder negativer Gedanke den Fluß kreativer Säfte ins Stocken. Viele Menschen haben Angst davor, den Anschein von Dummheit zu erwecken, wenn sie kreative Impulse realisieren. Da sie nicht bereit sind, sich deshalb angreifbar zu machen, blockieren sie unbewußt die Kreativität, die Gott ihnen schickt. Wenn Sie das Gefühl haben, daß dies auch Ihnen manchmal geschieht, versuchen Sie, Ihre kreativen Ideen umzusetzen, ohne jemandem das Ergebnis zu zeigen Vielleicht finden Sie nach einiger Zeit, daß einige Ihrer Ideen es wert sind, anderen mitgeteilt zu werden. Wer weiß – vielleicht wartet ein großartiger Roman darauf, sich durch Sie zu manifestieren.

Merkmal 4: Gleichmut

Gleichmut ist die Fähigkeit, selbst unter schwierigen äußeren Bedingungen inneren Frieden zu empfinden. Wenn Sie sich im Geschäftsleben engagieren und Geld verdienen wollen, werden Sie wahrscheinlich unter einem gewissen Streß ste-

hen. Haben Sie eine spirituelle Auffassung vom Geldverdienen, so werden Sie versuchen, sich gleichzeitig in der Welt
zu engagieren *und* mit Ihrem inneren Frieden in Kontakt zu
bleiben. Das altbekannte Motto lautet: »Seien Sie *in* der Welt,
aber nicht *von* ihr.« Die meisten Menschen würden mir zustimmen, daß es ein edles Ziel ist, sich seinen inneren Frieden
zu bewahren und sich gleichzeitig in der Welt zu engagieren,
aber sie haben nie darüber nachgedacht, wie dies auch ihre
Bilanz verbessern könnte. In meinen Gesprächen mit erfolgreichen Geschäftsleuten habe ich festgestellt, daß viele von
ihnen betonten, wie wichtig es sei, sich nicht von seinen Gefühlen überwältigen zu lassen. Was auch immer ein Mensch
tut, um sich seinen Lebensunterhalt zu verdienen – es kann
ihn teuer zu stehen kommen, sich in seinem Handeln allein
von seinen Emotionen bestimmen zu lassen.

Viele Faktoren sind nötig, um im Trubel des modernen
Lebens den Gleichmut zu bewahren. Zunächst einmal
braucht ein Mensch eine Verbindung zu einer größeren Vision. Auf der täglichen Achterbahnfahrt des Berufslebens kann
es leicht geschehen, daß die Hektik des Augenblicks so groß
wird, daß alles Gefühl für Frieden und Weitblick verloren-
geht. Aufgrund von Streß werden häufig schlechte Entscheidungen getroffen, und ein ungeschicktes Verhalten ist das
Ergebnis. Ein Mensch jedoch, der die wahre Kraft seiner
Seele spürt, vermag die Alltagsprobleme zu relativieren.
Menschen, die Seminare zum Streßabbau leiten, sagen häufig: »Regen Sie sich nicht über Kleinigkeiten auf, und denken
Sie daran: *Alles* sind Kleinigkeiten.«

Stellen Sie sich vor, Sie hätten vor sich einen schwarzen
Fleck von der Größe eines Fünfmarkstücks. Wäre Ihr Auge
direkt über jenem schwarzen Fleck, würden Sie nichts als die
Farbe Schwarz sehen. Ein Mensch, der sich in dieser Lage

befindet, würde zu Recht feststellen: »Ich sehe nichts als eine große schwarze Leere. Hier existiert nichts anderes als völlige Dunkelheit.« Gleichmut ist die Fähigkeit, sich ein Stück weit zu entfernen und zu erkennen, daß der schwarze Fleck im Vergleich zu allem anderen ziemlich klein ist. Aus einem Meter Abstand ist ein Fleck von der Größe eines Fünfmarkstücks keine große Sache; von der anderen Seite des Zimmers aus kann man ihn kaum erkennen.

Es gibt zahlreiche Möglichkeiten, im Alltagsleben den Sinn für Proportionen zu bewahren. Einige wurden bereits in diesem Buch erwähnt. Übungen wie Meditation, ein Aufenthalt in der Natur, das Lesen spiritueller Schriften und das Genießen bestimmter Musikstücke können hilfreich sein, um unser Gefühl für die richtigen Proportionen wiederzugewinnen, wenn es uns verlorengegangen ist. Wichtig ist, daß Sie eine Möglichkeit finden, die für Sie funktioniert. Sie sollte schnell realisierbar und effektiv sein, und *Sie müssen Sie in Ihrem Büro anwenden können*. Für mich selbst habe ich herausgefunden, daß mir bestimmte Lieder, die mich wirklich tief berühren, helfen, Zugang zu meiner seelischen Ausgeglichenheit zu finden. Deshalb habe ich mir vier Kassetten mit meinen Lieblingsliedern bespielt. Immer, wenn ich das Gefühl habe, daß mir die Wellen über dem Kopf zusammenschlagen, lege ich ein Tonband in meinen Walkman und nehme einen fünfminütigen Urlaub vom Drama des Alltagslebens. Danach lese ich einen Spruch, den ich mir an die Wand über meinem Schreibtisch gehängt habe. Er lautet: »Die Sonne ist einer von Milliarden Sternen auf der Milchstraße. Es gibt über eine Milliarde Milchstraßen im Universum, jede von ihnen mit ungefähr einer Millarde Sterne. Reg dich nicht über Kleinigkeiten auf ...« Das hilft mir gewöhnlich

Ich habe eine weitere Fähigkeit entdeckt, die mir hilft, im Blick auf Arbeit und Geld Gleichmut zu bewahren. Ich nenne sie »die Fähigkeit, in Widrigkeiten die Chance zu erkennen«. Wenn Sie sich bewußt wären, daß die schlimmen Dinge, die Ihnen passieren können, in Wirklichkeit nichts anderes sind als versteckte Geschenke, würden Sie sich nicht so große Sorgen machen. Sie würden mit einem Gefühl von Neugier und innerem Frieden darauf warten, daß Gott Ihnen zeigt, was er mit Ihnen vorhat. Natürlich wissen wir vom Verstand her alle, daß sich aus Problemen Positives ergeben kann, aber es ist eine große Herausforderung, seinen Seelenfrieden zu bewahren, wenn man mit jenen Problemen konfrontiert ist.

Vor einigen Jahren hielt ich einen Vortrag darüber, wie sich aus anscheinend schwerwiegenden Problemen positive Wirkungen ergeben können. Während der Pause näherte sich mir ein Student und sagte, er habe etwas für mich in seinem Auto. Ich folgte ihm und stand, während er suchte, wartend neben ihm. Ich wurde immer ärgerlicher, weil mir zuviel Zeit für meinen Unterricht verlorenging. Jedesmal, wenn ich drauf und dran war, wieder in den Vorlesungssaal zurückzugehen, sagte er: »Warten Sie! Ich glaube, ich habe es gefunden!« Aber er fand »es« nicht. Schließlich bestand ich darauf, wieder zu meiner Klasse zurückzukehren. Als ich den Raum betrat, riefen etwa hundert Leute: »Überraschung!« Es war der Tag nach meinem Geburtstag, und viele meiner Freunde waren gekommen, um eine Party für mich zu organisieren.

Im Kurs hatte ich eben erst darüber geredet, daß es notwendig sei, im Widrigen das Positive zu sehen. Es demütigte mich etwas, daß ich diese Chance nicht wahrzunehmen vermochte, als sie sich mir bot. Ich erkannte, daß man eine einfache und präzise Technik braucht, um sich in schwierigen

Augenblicken seinen inneren Frieden zu bewahren. Wenn wir mit Widrigkeiten konfrontiert sind, reicht die Idee, daß in allem Schlechten etwas Gutes verborgen sei, nicht aus, um uns weiterzuhelfen. Deshalb probierte ich verschiedene Methoden aus, von denen ich vermutete, daß sie mir helfen würden. Die meisten erwiesen sich als schrecklich wirkungslos, aber eine Methode hat den Test bestanden. Immer, wenn ein Problem auftaucht, stelle ich mir die einfache Frage: *»Was an diesem Problem könnte positiv sein?«* Auch wenn ich zu Anfang meinen eigenen Gedanken gegenüber skeptisch bin, gibt es doch regelmäßig an jeder unangenehmen Situation wenigstens zwei positive Aspekte. Wenn sich in meinem Leben Schwierigkeiten ergeben, können sie mir doch zumindest helfen, bestimmte Fähigkeiten wie Mitgefühl, Geduld, Demut und Glauben zu entwickeln.

Die Frage: »Was könnte daran gut sein?« ist eine großartige Hilfe, um in Anbetracht des sich stets verändernden Lebens Gleichmut zu entwickeln. Zum einen lenkt sie Ihre Aufmerksamkeit von den negativen Aspekten dieser Situation ab, und zum andern kann sie Ihnen helfen, mögliche Chancen zu erkennen, die Ihnen zuvor verborgen waren. Fast alles Wachstum, sei es nun im persönlichen oder beruflichen Bereich, ergibt sich daraus, daß man Herausforderungen ins Auge sieht und sie in Chancen verwandelt. Wenn Sie sich in einer Situation, in der Sie sich ärgerlich oder gestreßt fühlen, diese Frage ernsthaft stellen, werden Sie sehr rasch wieder zu einem Gefühl des Gleichmuts zurückfinden.

Merkmal 5: Demut

Demut ist das fünfte und letzte seelische Merkmal, das einen entscheidenden Einfluß auf unsere Arbeit hat. Wir neigen dazu, die Tugend der Demut zu verachten, weil Demut sehr ähnlich klingt wie Demütigung. Niemand wird gerne gedemütigt, aber wahre Demut fühlt sich wunderbar an – und es sind viele indirekte Vorteile damit verbunden.

Beispielsweise hat man festgestellt, daß Arbeiter, die den Verdienst für eine Leistung nicht nur sich selbst zuschreiben, am Ende mehr Geld verdienen als jene, die alle Erfolge für sich allein beanspruchen. Das alte Modell des Helden am Arbeitsplatz war das eines Menschen, der alles allein macht, selbst wenn er dabei seine Mitarbeiter terrorisiert. Das neue Modell eines Helden am Arbeitsplatz ist das eines Teamarbeiters, der die Leistungen anderer anerkennt, wenn dies angebracht ist. Ein demütiger Mensch findet an seinem Arbeitsplatz Freunde, und Freunde sind immer hilfreich, wenn es um Beförderungen oder Geschäftsbeziehungen geht. Im Zuge des immer schnelleren technologischen Wandels und anderer Veränderungen in unserem Leben wird es immer notwendiger, sich in Bereichen, in denen unsere Kenntnisse nicht ausreichen, sachkundige Hilfe zu holen. Die Zeiten, in denen ein Mensch alles wissen und alles allein machen konnte, sind vorbei. Nur schon in *einem* Wissensbereich auf dem laufenden zu bleiben ist fast unmöglich, geschweige denn in mehreren. Unsere Lebensumstände verändern sich ständig, und es bedarf der Demut, um die Hilfe anzunehmen, die man braucht, um konkurrenzfähig zu bleiben. Die Menschen, die bereit sind, Hilfe anzunehmen, sind sehr bald in der Lage, die gewünschten Ergebnisse zu erzielen. Und die, die denken, daß sie alles wissen, und nicht bereit sind, um Hilfe zu bitten, stehen am Ende mit leeren Händen da.

Ich lernte zum ersten Mal den Wert der Demut, als ich an einer *Mastermind*-Gruppe teilnahm. Für diejenigen, die nicht wissen, was das ist: eine *Mastermind*-Gruppe besteht aus mehreren Leuten, die zusammenkommen, um einander zu helfen, ein Ziel zu erreichen. Da ich bei meinem Schul- und Hochschulabschluß einen hervorragenden Notendurchschnitt hatte, war ich ein wenig arrogant geworden und dachte, ich wüßte immer alles am besten. Als also vier Leute an mich herantraten und mir vorschlugen, mit ihnen zusammen eine *Mastermind*-Gruppe zu bilden, dachte ich, es könne nicht schaden, ein bißchen nett zu sein und ihnen aus der Patsche zu helfen. Als wir der Reihe nach über unsere beruflichen Probleme sprachen und die anderen um Hilfe baten, wurde ich ein wenig überheblich. Die Lösungen für die Probleme der anderen Gruppenmitglieder lagen auf der Hand, und ich war erstaunt, daß sie sie übersehen hatten. Ich überschüttete sie mit meinen weisen Ratschlägen, und sie waren sehr dankbar.

Dann war ich an der Reihe, um Hilfe zu bitten. Im Grunde meines Herzens glaubte ich nicht, daß die anderen mir helfen könnten, denn meine beruflichen Probleme waren sehr komplex, und außerdem tat ich bereits alles, um die Situation zu verbessern. Falsch! Die Mitglieder meiner *Mastermind*-Gruppe hatten in Anbetracht meiner Probleme wahrscheinlich dasselbe Gefühl wie ich, als sie von ihren erzählten. Ich glaube, sie dachten, ich müsse wohl ein bißchen »schwer von Begriff« sein, daß ich nicht wußte, wie man die Probleme, die ich ihnen vortrug, bewältigte. Ich war erstaunt, wieviel ich durch ihre Beratung lernte. Als ich ihre Ratschläge anwandte, expandierte mein Geschäft sehr schnell. Ich hatte gelernt, wie wertvoll es ist, demütig zu sein und Hilfe von anderen anzunehmen.

Demut bedeutet nicht, daß Sie mit einem Gefühl der Wertlosigkeit herumlaufen sollen. Es bedeutet, daß Sie Ihre eigenen Grenzen akzeptieren, wenn nötig um Rat bitten und die Leistung der Menschen anerkennen, die Ihnen geholfen haben. Menschen, die wissen, daß sie Hilfe brauchen, und bereit sind, darum zu bitten, haben im heutigen Geschäftsleben einen großen Vorteil. Eine Gelegenheit, Demut zu empfinden, ergibt sich beispielsweise dann, wenn Sie andere bei ihren geschäftlichen (und anderen) Sorgen um Hilfe bitten. Ich stelle den Menschen häufig Fragen wie: »Was, glauben Sie, sollte ich in dieser Situation tun?« Zwei Köpfe sind in der Tat besser als einer. Wenn Sie Gefühle der Demut zulassen und Hilfe annehmen, dann werden Sie feststellen, daß auch Ihre Arbeit davon profitiert.

∗ ∗ ∗

Um die fünf seelischen Qualitäten, die ich hier beschrieben habe, zu entwickeln, muß man sich wie ein Gärtner verhalten, der ständig das Unkraut ausreißt. Solches Unkraut, das das Wachstum unserer Seele im Arbeitsleben behindert, sind beispielsweise Aktionismus oder das Streben nach rascher Befriedigung. Statt dessen sollten wir unser Leben nach bestimmten, tragfähigen Prinzipien ausrichten. Gute Gärtner wissen auch, wie man die jungen Pflanzen, die man in die Erde gesetzt hat, richtig düngt und wässert. Wenn Sie bei Ihrer Arbeit Ihre seelischen Kräfte besonders intensiv nutzen wollen, »wässern« und »düngen Sie sie«, indem Sie die vielen detaillierten Vorschläge nutzen, die in diesem Kapitel gemacht werden. Der wichtigste Aspekt bei der Pflege Ihres inneren (oder eigentlichen) Gartens ist jedoch die Beständigkeit. Wenn Pflanzen nicht gewässert werden, dann sterben oder verwelken sie. Auch am Arbeitsplatz verwelkt Ihre Seele, wenn Sie sie vernachlässigen. Schließlich gibt es dort eine Menge Unkraut. Sorgen Sie bei der Arbeit für Ihren »Garten«, und er wird für Sie sorgen.

Gedächtnisstützen: wahrer Reichtum

1. Viele Eigenschaften der Seele sind für die Arbeitswelt wertvoll. Menschen, die seelische Eigenschaften wie Leidenschaft, Kreativität, selbstloses Dienen, Gleichmut und Demut entwickelt haben, werden auch in ihrem Arbeitsleben innerlich und äußerlich erfolgreicher sein.

2. Ich schlage vor, daß Sie sich in Zusammenhang mit jeder seelischen Eigenschaft, die ich beschreibe, eine bestimmte Frage stellen. Sie soll Ihnen helfen, jene Eigenschaft zu entwickeln. Diese Fragen lauten:

- *Leidenschaftliches Engagement* – »Wie kann ich mit einer Arbeit Geld verdienen, die ich gern tue und für die ich mich leidenschaftlich einsetze?«

- *Selbstloses Dienen* – »Wie kann ich Leistungen erbringen, die die Erwartungen meiner Kunden (oder meines Arbeitgebers) übertreffen?«

- *Kreativität* – »Wie kann ich für dieses Problem eine kreative Lösung finden? Wie kann ich mich bei meiner Arbeit noch stärker kreativen Impulsen öffnen?«

- *Gleichmut* – »Wofür kann das gut sein?«

- *Demut* – (diese Frage sollten Sie anderen Menschen stellen): »Was, glaubst du, sollte man in dieser Situation am besten tun?«

Wenn Sie sich bei den Antworten auf diese Fragen von Ihrer Intuition leiten lassen, werden Ihre seelischen Kräfte auch in Ihre Arbeit einfließen.

3. Genau wie Blumen regelmäßig gewässert und gepflegt werden müssen, müssen wir die fünf oben erwähnten »Seeleneigenschaften« beständig nähren, da sie sonst vom Unkraut des normalen Arbeitslebens erstickt werden.

6. Kapitel

Machen Sie Gott
zu Ihrem Geschäftspartner

*»Wenn du etwas produzieren willst,
dann verlaß dich nicht auf die
äußere Quelle; geh tief nach innen,
und suche die unendliche Quelle.«*
PARAMAHANSA YOGANANDA

Geld ist eine Form von Energie. Oberflächlich sieht es so aus,
als sei Geld ein völlig lineares Phänomen. Aufgrund meiner
Erfahrungen mit Tausenden von Menschen glaube ich jedoch, daß im Umgang mit Geld sehr viel mehr geschieht, als
oberflächlich sichtbar ist.

Kennen auch Sie Menschen, die sehr viel Geld verdienen,
aber immer nur gerade so »über die Runden kommen«? Und
kennen Sie andererseits Menschen, die fast gar kein Geld verdienen, aber immer genug zu haben scheinen? Die Erfahrung
zeigt, daß gewisse Menschen sich erfolglos über Jahre hinweg
bemühen, ihre Finanzen in den Griff zu bekommen. Auf der
anderen Seite scheinen einige Leute unter streng finanziellen
Gesichtspunkten fast alles falsch zu machen, aber das Geld
scheint ihnen zu folgen, wo immer sie hingehen. Warum ist
das so?

Ich glaube, diese »Relativität« des Geldes ist auf die Tatsache zurückzuführen, daß einige Menschen über eine innere
Kraft verfügen, die Reichtum anzieht, während andere diese

Kraft vermissen lassen. Menschen, die bereit sind, den Manifestationen des Geldes gegenüber eine neue Perspektive einzunehmen, können Zugang zu dieser inneren Kraft finden. Als ich Menschen beobachtete, die Reichtümer anziehen, habe ich festgestellt, daß ihnen vor allem vier Aspekte ihrer Persönlichkeit dabei helfen. Diese Aspekte beziehen sich auf »nichtlineare« oder »spirituelle« Methoden des Umgangs mit Geld. Wir werden uns jeden dieser Persönlichkeitsaspekte anschauen und Möglichkeiten erkunden, wie Sie sofort damit anfangen können, sie in Ihrem Leben anzuwenden.

1. Intuition

Nicht alle Menschen verstehen unter Intuition dasselbe. Für einige bedeutet Intuition, auf ihre innersten Sehnsüchte und Gefühle und ihre angeborene Weisheit zu hören. Andere betrachten Intuition als etwas, was von einer äußeren »Kraft«, beispielsweise Gott, ausgeht. Ich persönlich halte folgende Definition für nützlich: *Intuition ist ein Bereich erweiterter Information, in den Menschen sich einschalten können, wenn sie ihren Verstand zum Schweigen gebracht und das Kontrollbedürfnis ihres Egos losgelassen haben.* Wer diese Definition akzeptiert, kann lernen, einen riesigen Vorrat hilfreicher Informationen zu nutzen – wenn er die richtige Technik beherrscht.

Ihr Mangel an Glauben hindert viele Leute daran, von intuitiven Einsichten zu profitieren. Zwar hatten die meisten Menschen zu irgendeinem Zeitpunkt ihres Lebens intuitive Geistesblitze, aber solche Erfahrungen sind häufig spärlich und werden nur in großen Abständen gemacht. Andererseits hat man uns seit unserer Kleinkinderzeit beigebracht, Situationen mit Hilfe eines linearen, rationalen Denkens zu bewältigen. Aufgrund dieser Sozialisation haben wir den Glauben entwickelt, daß uns die Methoden, die die linke Hirnhälfte in Anspruch nehmen, zum Erfolg führen werden. Und in der Tat sind diese Methoden sinnvoll und effektiv. Aber eine Methode, die mit beiden Gehirnhälften arbeitet, wird uns wahrscheinlich größere Vorteile bringen. Wenn wir Zugang zu der Führung durch unsere Intuition finden und die entsprechenden Informationen in Kombination mit analytischem Denken nutzen, eröffnet sich uns eine ganz neue Ebene von Erfolg und Lebensfreude.

Meine erste Erfahrung in der Kombination von intuitiven Informationen mit dem linearen, rationalen Planen machte ich bei der Produktion meines Videos *Intimacy and Sexual Ecstasy*. Wie ich in der Einführung zu diesem Buch erwähnte, kam mir die Idee für das Video in der Meditation. Tatsächlich bestanden etwa siebzig Prozent des endgültigen Skripts aus »Eingebungen« während der Meditation. Ich wußte, daß ich die Informationen, die mir mit so viel Klarheit und Kraft vermittelt worden waren, ernst nehmen mußte. Meine zweite Reaktion auf diese Informationen bestand jedoch immer darin, sie in Zweifel zu ziehen. Deshalb machte ich ein paar Recherchen, die zeigten, daß für ein Lehrvideo wie dieses ein großer, weitgehend unausgeschöpfter Markt bestand. Meine nächste Reaktion war ein Gefühl der Überforderung. Schließlich war ich pleite und lebte in einem verbeulten Dodge-Lieferwagen, Baujahr 1967. Wie sollte ich es schaffen, ein so ehrgeiziges Projekt zu realisieren? Auch hier half mir der Glaube an meine Intuition. Mir wurde immer wieder die Botschaft übermittelt, ich solle weitermachen, dann würde sich alles irgendwie von selbst ergeben.

Für mich ist Glaube die Fähigkeit, Dinge zu akzeptieren, die nicht sichtbar sind. Ich sagte zu mir selbst: »Wenn es deine Bestimmung ist, dieses Video zu machen, wirst du die Hilfe bekommen, die du brauchst.« Ich wußte: Wenn ich es nicht versuchte, würde ich mich als Versager fühlen. Wenn ich es versuchte und scheiterte, dann hätte ich wenigstens etwas aus meinen Bemühungen gelernt. Deshalb schrieb ich alles auf, was ich tun mußte, um das Projekt durchzuführen. Meine Liste enthielt mehr als fünfzig kleine Aufgaben. Ich bat sogar meine Intuition, mich zu leiten, welche Schritte ich in welcher Reihenfolge unternehmen solle. Mit dem Glauben an meine innere Führung und der Fähigkeit zu handeln war ich imstande, meine Ängste und Zweifel zu überwinden. Da das Video schließlich ein gewaltiger Erfolg wurde, ist mein Glaube an die Kraft der Intuition gewachsen. Heute widme ich mich nur Projekten, zu denen meine innere Stimme ihre Zustimmung gegeben hat.

Ich hoffe, auch Sie sind davon überzeugt, daß das Vertrauen auf Ihre innere Führung Ihnen nur Vorteile bringt. Woher aber erkennen Sie den Unterschied zwischen wahrer Intuition und Gedanken, die aus Ihrem egozentrierten Verstand stammen? Es gibt darauf keine einfache Antwort, aber es gibt bestimmte Faustregeln. Zunächst einmal haben Sie eine größere Chance, sich Ihrer inneren Stimme zu öffnen, wenn Sie sich bewußt bemühen, Ihren Verstand zum Schweigen zu bringen. Ich glaube, daß jeder Mensch mit der Fähigkeit geboren wurde, inneren Frieden zu finden. Wenn Sie gerne meditieren, dann meditieren Sie. Wenn Sie sich entspannt und innerlich ruhig fühlen, nachdem Sie gejoggt oder getanzt haben, dann joggen oder tanzen Sie. Wenn ein Aufenthalt an einer bestimmten Stelle in der Natur Ihre Seele erfrischt und Sie beruhigt, dann gehen Sie dorthin. Letztendlich ist Ihre

Absicht, Ihren Verstand zum Schweigen zu bringen und auf Ihre Intuition zu hören, ebenso ausschlaggebend wie die Methode, die Sie wählen.

Meine Erfahrung mit Tausenden von Seminarteilnehmern zeigt mir, daß ganz besonders die Musik den Menschen hilft, ihren Verstand zu beruhigen. Wenn Sie sich ein paar Ihrer Lieblingslieder anhören, werden Sie feststellen, daß sie Ihnen sofort helfen, Ihren Verstand zu beruhigen und Ihr Herz zu öffnen.

Nachdem Sie auf irgendeine Weise Ihr Denken beruhigt haben, sind Sie bereit, »Powerfragen« zu stellen. Powerfragen sind Fragen, deren Antwort Ihr Leben entscheidend beeinflussen kann. Mein Buch *Instant Insights: 200 Ways to Create the Life You Really Want* enthält viele Powerfragen, die Menschen helfen, zu wichtigen Erkenntnissen zu gelangen. Immer wenn ich meditiere, stelle ich meiner Intuition wenigstens eine dieser Fragen. Im folgenden eine Liste solcher Fragen, die mit Geld- und Karrierethemen zu tun haben:

1. Wie kann ich die Talente, die mir geschenkt wurden, nutzen, um zu Geld zu kommen und dem Universum zu dienen?

2. Was kann ich tun, um den Wert und die Effektivität meiner Arbeit zu steigern?

3. Was muß ich wissen (oder tun), um im Zusammenhang mit Geld und Arbeit mehr Frieden zu erfahren?

4. Welche kreativen Möglichkeiten zur Steigerung meines Einkommens kann ich verwirklichen?

5. Worauf soll ich mich in diesem Augenblick konzentrieren?

6. In welche Richtung soll mein nächster Schritt gehen; was muß ich wissen, um ihn zu tun?

7. ....

....

(Schreiben Sie hier Ihre eigene Frage auf, die Ihren spezifischen Bedürfnissen entspricht.)

Wenn ich meine Intuition anzapfe, versuche ich, alle meine rationalen Gedanken und Kommentare zu dieser Frage loszulassen. Ob Sie etwas rational durchdenken und planen oder ob Sie auf Ihre innere Stimme hören, macht einen großen Unterschied. Einige Menschen berichten, daß sie ihre intuitiven Geistesblitze in Gestalt von Symbolen oder Bildern empfangen. Andere Menschen sagen, daß sie tatsächlich eine »innere Stimme« hören. Ich selbst finde gewöhnlich durch ein »Aha«-Erlebnis Zugang zu dieser Form spiritueller Information. Ich wiederhole im Geiste einfach die Fragen, und plötzlich *weiß* ich die Antwort. Der Vorgang löst üblicherweise ein Gefühl angenehmer Erregung in mir aus. Mit ein wenig Übung werden Sie bemerken, daß es immer eine Möglichkeit gibt, besonders erfolgversprechende intuitive Führung zu empfangen. Es gibt nicht nur einen einzigen Weg, der korrekt wäre. Die Methode, die für Sie funktioniert, ist die richtige.

Häufig hat mir meine Intuition zunächst einmal nichts zu sagen. Aber wenn ich weiterfrage, kommt fast immer eine Antwort – manchmal gerade dann, wenn ich es am wenigsten erwarte. Vor ein paar Jahren wollte ich wissen, ob ich nach Indien reisen sollte, um dort einige spirituelle Lehrer aufzusuchen. Ich fragte meine Intuition, erhielt aber mehrere Tage lang keine Antwort. Um einen Billigflug zu bekommen, mußte ich mich bis zum Ende des Monats entscheiden. Als ich am letzten Tag des Monats durch die Fernsehkanäle zappte, kam ich kurz am Vortrag eines Predigers vorbei, ging dann aber sofort zum nächsten Kanal. Meine Intuition sagte mir, daß ich zurückschalten und dem Mann zuhören solle (etwas, was ich nur selten tue). Als erstes sagte der Prediger: »Du mußt nach Indien reisen.« Ich fand, dies sei ein interessanter Zufall, und spitzte die Ohren. Danach fuhr er fort: »Du mußt einen Monat in Indien verbringen, um zu sehen, wie diese Menschen leben.« Dann kam eine Nahaufnahme des Gesichts des Predigers, und ich hörte, wie er sagte: »Jonathan, vor allem *du* mußt nach Indien reisen.« Ich wäre fast vom Stuhl gefallen. Ich bestellte sofort meine Tickets.

Wenn Sie auf diese Geschichte mit Unglaube reagieren, dann unterschätzen Sie die Kraft der Intuition. Natürlich gibt es keine rationale Erklärung dafür, wie es möglich war, daß dieser Prediger im nationalen Fernsehen meinen Namen rief und mir eine Botschaft übermittelte. Aber wir leben in einem magischen Universum. Zwar habe ich keine Ahnung, *wie* solche Dinge geschehen, aber ich habe genug solcher Erfahrungen gemacht, um zu wissen, *daß* sie geschehen. Wenn Sie Ihrer Intuition wirklich gezielt und unvoreingenommen eine Frage stellen, öffnen Sie sich einer ganz neuen Art, wertvolle Informationen zu empfangen. Halten Sie nach irgendwelchen seltsamen »Zufällen« oder Botschaften in Ihrem Leben Ausschau, wenn Sie nicht sofort eine Antwort bekommen. Die Antwort kann durch die Worte eines Freundes kommen, durch ein Buch, eine Reklametafel, an der Sie vorbeifahren, oder aus Ihrem Inneren. Wenn Sie die Antwort innerhalb einer Woche nicht finden, dann können Sie fragen: »Ist es zu diesem Zeitpunkt gut für mich, die Information, um die ich bitte, zu bekommen?« Ich habe erkannt, daß es für mich Zeiten gab, in denen es tatsächlich am besten war, die Antwort auf die Frage, die ich stellte, *nicht* zu wissen. Indem Sie fragen, ob Ihre Frage angemessen ist, können Sie überprüfen, ob es einen Grund gibt, warum Sie keine Antwort erhalten. »Die Wege des Herrn sind rätselhaft«, heißt es. Wenn Sie auf Ihre Intuition hören, werden Sie bemerken, daß jene Aussage wahr ist.

2. Träumen und Ausruhen

Die Idee für eine Nähmaschine kam einem jungen Schneider im Traum. Viele Wissenschaftler, die den Nobelpreis gewannen, haben gesagt, daß ihnen ein wesentlicher Aspekt ihrer Entdeckungen im Schlaf kam. In der Bibel empfangen viele der Propheten ihre Offenbarungen im Traum. Träume sind eine Türe zum Unbewußten, und wenn Sie Ihre Träume jemals analysiert haben, dann wissen Sie, daß das Unbewußte sehr erfindungsreich und kreativ ist. In der Nacht gewinnt es seine volle Entfaltungsfreiheit. Ohne die üblichen Zwänge und Sorgen kann das Unbewußte kreativ an Problemen und Ideen arbeiten, während Ihr Körper fest schläft.

Zeiten des Tagträumens und der Muße können dem Unbewußten ebenfalls wichtige Chancen zur Entfaltung seiner Kraft eröffnen. Sie haben wahrscheinlich von Menschen gehört, die lange Zeit die Lösung eines Problems nicht finden konnten. Und dann, plötzlich, als sie ihren Hund ausführten, stand sie ihnen klar vor Augen. Das Unbewußte ruht sich nie aus. Wenn der Lärm des rationalen Verstandes in Zeiten der

Entspannung vorübergehend schwächer wird, hat das Unbewußte eine größere Chance, sich zu Wort zu melden. Zudem übermittelt Gott unserem Unterbewußtsein manchmal eine Botschaft, die erst später in unser Bewußtsein dringt. Prophetische oder göttlich inspirierte Träume sind ein Beispiel für diese Art von Erfahrung. Mit ein wenig Übung und den richtigen Techniken können Sie die Zeiten Ihres Schlafes und Ihrer Entspannung zu den produktivsten Phasen Ihres Lebens machen!

Einige Methoden können Ihnen helfen, um in Ihrer Traumzeit göttliche Führung zu erhalten und auf diese Weise Probleme zu lösen. Zunächst einmal ist es sehr nützlich, ein Traumtagebuch zu führen. Träume reagieren auf die Aufmerksamkeit, die Sie ihnen schenken. Wenn Ihr Unbewußtes weiß, daß Sie nach wichtiger Information Ausschau halten, werden Ihre Träume interessanter und bedeutungsvoller. Legen Sie das Tagebuch und einen Stift direkt neben Ihr Bett, und schreiben Sie in dem Moment, in dem Sie aufwachen, alles auf, woran Sie sich erinnern können. Wenn Sie nach dem ersten Aufwachen so benommen sind wie ich, können Sie sich einen Kassettenrecorder neben das Bett stellen. Dann brauchen Sie nur noch den Aufnahmeknopf zu drücken und alles, woran Sie sich erinnern können, in das Mikrophon zu sprechen.

Sie können die Produktivität Ihrer Träume und Ihrer Mußezeit erhöhen, indem Sie kurz vor dem Einschlafen eine Frage wiederholen, auf die Sie gerne eine Antwort hätten. Wenn Sie beispielsweise wissen möchten, wie Sie mehr Geld verdienen können, dann wiederholen Sie beim Einschlafen einfach: »Wie kann ich mehr Geld verdienen und dabei das tun, was ich gern tun möchte?« Schließlich wird Ihr Unbewußtes und/oder Gott antworten. Dasselbe gilt für Augenblicke der Entspannung. Wiederholen Sie einfach eine Frage, auf die Sie eine Antwort haben möchten, ohne sich zu bemühen, die Antwort mit Hilfe Ihres Verstandes zu finden. Und dann warten Sie darauf, daß Gott Ihnen die Antwort schenkt. Mit ein wenig Übung wird Ihr Unterbewußtsein erkennen, daß Sie ihm Aufmerksamkeit widmen, und wie ein Hund, der alles tut, um Ihre Liebe zu gewinnen, wird es sein Bestes tun, um Sie zufriedenzustellen.

3. Mit »Gott« einen »Deal« machen

Eine dritte Möglichkeit, auf eine nichtlineare Art Geld zu verdienen, besteht darin, einen »Deal« mit »Gott« (oder Ihrem höheren Selbst) abzuschließen. Dabei ist es hilfreich, die Bedingungen des Vertrages laut auszusprechen oder auf einem Stück Papier festzuhalten. Beispielsweise schwor ich vor Gott, daß ich meinen Job kündigen würde, wenn ich auf irgendeine Weise genügend Geld erhielte, um drei Monate lang von der Arbeit am *Intimacy*-Video leben zu können. Ich machte diesen Deal, weil meine Intuition und mein Verstand mir verschiedene Auskünfte gaben. Mein Verstand hatte große Angst davor, den Job zu kündigen, ohne eine sichere Einkommensquelle zu haben. Ich vermutete, daß ich etwa drei Monate brauchen würde, um das Video fertigzustellen und die Vermarktung meines Produkts in Angriff zu nehmen. Deshalb ging ich eines Tages zu einem meiner Lieblingsplätze in der Natur, beruhigte meinen Geist und sprach den folgenden Satz: »Wenn du möchtest, daß ich meinen Job kündige, um mich auf das Video zu konzentrieren, dann sorge bitte dafür, daß meine Miete und meine Rechnungen für wenigstens drei Monate bezahlt werden.«

Fünf Tage später bekam ich einen Brief von meiner Tante. Auf dem beiliegenden Zettel hieß es: »Als Deine Großmutter starb (zwei Jahre vorher), sagte sie, ich solle Dir dann das Geld schicken, das sie Dir hinterließ, wenn ich das Gefühl habe, daß es der richtige Moment sei.« Im Briefumschlag lag ein Scheck über 5000 Dollar. Ich fiel auf meine Knie, dankte Gott, daß er mir geholfen hatte, und versprach, meinen Teil dieses Deals zu erfüllen. Ich kündigte meinen Job, drehte das Video und entdeckte ein neues Prinzip, um Wunder Wirklichkeit werden zu lassen.

Wenn Sie dieser Methode gegenüber skeptisch sind, bedeutet das nur, daß Sie bisher eine ähnliche Erfahrung noch nicht gemacht haben. Sie brauchen mir nicht einmal zu glauben, daß sie funktioniert. Versuchen Sie es selbst. Das ist die einzige Möglichkeit, um sich von ihrer Wirkung zu überzeugen. Da ich selbst viele Male auf diese Weise vorging und Erfolg damit hatte, habe ich Richtlinien gefunden, die mir halfen, diesen magischen Prozeß zu nutzen. Hier sind sie:

1. Schließen Sie nur Deals ab, die Sie auch einzuhalten bereit sind. Wenn »Gott« seinen Teil des Vertrags einhält, dann müssen Sie Ihren auf jeden Fall auch einhalten.

2. Die beste Zeit, mit Gott einen Deal abzuschließen, ist dann, wenn Sie das Gefühl haben, daß Sie bei Ihrem schwierigen Unterfangen geführt werden. Der »Deal« ist im Grunde das Mittel, mit dem Sie um Bestätigung und Hilfe bei der anstehenden Aufgabe bitten.

3. Vollziehen Sie ein Ritual oder gehen Sie an einen bestimmten Platz, wenn Sie die Bedingungen des Deals festsetzen. Dies wird Ihnen (und Gott?) ins Bewußtsein ru-

fen, daß Sie ein ganz besonderes Bündnis geschlossen
haben.

4. Sorgen Sie dafür, daß die Bedingungen des Deals sowohl für Sie selbst als auch für Gott erfüllbar sind. Mit
anderen Worten: Sagen Sie nicht: »Ich werde in ein Klo-
ster eintreten, wenn du mich in die Luft schweben läßt.«
Bitten Sie nicht um mehr, als Sie wirklich brauchen.

5. Machen Sie genaue Angaben, zu welchem Zeitpunkt
Gott seinen Teil des Deals erfüllen soll. Erschweren Sie
sich Ihre Aufgabe nicht. Häufig braucht man Geduld, um
Gottes Plan zu erfüllen.

6. Wenn Gott Ihnen Ihren Wunsch anscheinend nicht
erfüllen will, dann bedeutet das nicht, daß Sie *Ihren* Teil
der Übereinkunft nicht erfüllen sollten. Meine Erfahrung
ist, daß Gott auf vielen Ebenen wirken kann. Manchmal
habe ich bemerkt, daß Gott nicht tat, worum ich ihn bat,
aber ich bekam eine andere Art der Führung, die mir zu
dem Wissen verhalf, daß ich auf dem richtigen Weg war.
Lauschen Sie beharrlich auf Ihre intuitive Führung, um
auf dem neuesten Stand zu bleiben.

7. Nutzen Sie diesen Prozeß nur, wenn Sie mit wirklich
wichtigen Entscheidungen oder Herausforderungen konfrontiert sind. Es ist möglich, die Kraft dieser Methode
zu schwächen, indem man sie auf triviale Dinge anwendet.

8. Nutzen Sie diese Methode nicht nur, um bloß für Sie
selbst etwas zu erreichen. Es ist am besten, sie vor allem

dann einzusetzen, wenn Entscheidungen anstehen, wie Sie sich selbst und der Menschheit am besten dienen.

Es ist wichtig, genau zu entscheiden, was Sie bei diesem Deal von Gott wollen. Anstatt um ein äußeres, möglicherweise dramatisches Zeichen zu bitten, bitte ich gewöhnlich um einen inneren Hinweis auf das, was ich tun sollte. Beispielsweise versuchte ich einmal zu entscheiden, ob ich an einem zehntägigen Meditationskursus teilnehmen oder für zehn Tage verreisen sollte. Ich war sicher, daß der Meditationskursus mir guttun würde, aber ich hatte eigentlich keine Lust dazu. Deshalb schloß ich einen Pakt mit Gott: »Wenn du möchtest, daß ich den Meditationskursus besuche, dann muß du auch meine Gefühle im Hinblick auf diesen Kursus verändern. Wenn ich morgen aufwache und das *Bedürfnis* spüre, ihn zu machen, dann werde ich deinen Wünschen entsprechen.« Als ich am nächsten Morgen aufwachte, hatten meine Gefühle sich völlig verändert. Die Vorstellung, zu reisen, reizte mich überhaupt nicht, während ich die Vorstellung, zu meditieren, als wirklich aufregend empfand. Zwar war dies nichts anders als eine Veränderung in meiner Wahrnehmung, aber es war ein ebenso dramatisches Zeichen wie die 5000 Dollar in der Post.

Diese Vorgehensweise mag außerordentlich weit hergeholt erscheinen, aber Sie brauchen nur irgendeines der heiligen Bücher aufzuschlagen, um Hinweise auf diese »Technik« zu finden. Und wenn Sie diese »Technik« erfolgreich nutzen, werden Sie nie mehr derselbe Mensch sein. Es ist aufregend, sich *vorzustellen*, daß eine universale Kraft auf eine so intime Art mit uns interagieren kann. Aber es zu *erleben* ist noch erstaunlicher. Und das Beste daran: Ein Deal mit Gott kann Ihnen zu der Einsicht verhelfen, daß selbst in der Welt der ma-

teriellen Manifestationen Gottes Gnade sichtbar werden und
ein Wunder geschehen kann.

4. Im Universum lesen

Eine letzte Möglichkeit, Gott zu Ihrem Geschäftspartner zu
machen, besteht darin, die subtilen Zeichen, die das Universum (Gott) Ihnen schickt, deuten zu lernen. Im vorigen Abschnitt habe ich erörtert, wie Sie das Universum um ein bestimmtes Zeichen bitten können. Dies ist vor allem dann
hilfreich, wenn Sie eine wichtige Entscheidung treffen müssen, vor der Sie ein wenig zurückschrecken. Indem Sie »im
Universum lesen«, lernen Sie, nach den kleinen Zeichen Ausschau zu halten, die Ihnen *immer* zur Verfügung stehen. Die
Vorgehensweise ähnelt dem »Warm-und-kalt-Spiel«, das ich
im vierten Kapitel beschrieb. Ich glaube, daß Gott uns wissen
lassen kann, daß wir auf dem richtigen Weg sind, indem er
dafür sorgt, daß seltsame (hilfreiche) Zufälle eintreten oder
daß die Dinge glatt und einfach laufen. Solche Ereignisse zei
gen uns, daß wir »wärmer« sind, stärker mit Gottes Willen in
Einklang. Wenn wir andererseits nicht auf dem richtigen
Weg sind, kann Gott uns »Kälter-Botschaften« schicken, indem er dafür sorgt, daß die Dinge schwierig werden oder sich
sinnlos anfühlen.

Es braucht Mut und die Bereitschaft, die Botschaft zu akzeptieren, daß Sie »frieren« oder nicht auf dem richtigen Weg
sind. Die Welt schickt uns ständig Hinweise, um uns auf Kurs
zu bringen, aber wir sind nicht immer bereit, sie zu akzeptieren. Die Abwehrmechanismen der Suche nach Sündenböcken (oder der Zuweisung von Schuld), der Verleugnung,
der Ablenkung und der falschen Glaubenssätze halten uns

127

nicht nur davon ab, unsere eigenen Unzulänglichkeiten zu erkennen, sondern auch davon, Zeichen wahrzunehmen, die uns signalisieren, daß wir uns Gottes Willen nähern oder uns davon entfernen. Beispielsweise hatte ich in der Psychotherapie eine Klientin, die montags regelmäßig krank war. Sie leugnete, daß dies irgend etwas mit der Tatsache zu tun habe, daß sie ihren Job haßte, und schob die Schuld auf wöchentliche Hormonschwankungen. Als Sie den Mut aufbrachte, den Job zu wechseln, pendelten sich ihre wöchentlichen Hormonschwankungen auf magische Weise ganz von selbst ein!

Es gibt keine narrensichere Methode, um die subtilen Zeichen, die das Universum uns schickt, richtig zu interpretieren. Dennoch sind diese Hinweise wertvoll. Um jene Zeichen richtig zu deuten, ist es zunächst einmal notwendig, sich von Vorurteilen zu befreien. Um das zu hören, was Gott uns zu sagen versucht, müssen wir uns allen Eindrücken gegenüber öffnen. Die Klientin, die ihren Job haßte, interpretierte ihr wöchentliches Kranksein nicht als Botschaft, weil sie zuviel Angst davor hatte, sich nach einem anderen Job umzuschauen. Zudem glaubte sie, daß Geld zu einem großen Problem werden würde, wenn sie versuchte, eine neue Arbeit zu finden. Ihr Glaube und ihre Angst schufen ein Vorurteil, das so stark war, daß sie keine neue Information aufnehmen konnte.

Vor einigen Jahren bekam ich einen Auftrag vom Besitzer eines Videovertriebs, der mehrere tausend meiner Videos kaufen wollte. Als ich mit dem Einkäufer dieser Firma redete, bekam ich ein sehr schlechtes Gefühl. Aber ich mißachtete es und versandte die 3000 Videos, die bestellt worden waren. Als es Zeit wurde, daß die Firma ihre Rechnung von 15 000 Dollar bezahlte, erklärte sie den Bankrott. Mein Wunsch, das Geld zu bekommen, hatte mich gegenüber meinen wirklichen Gefühlen für diese Firma unsensibel gemacht. Wäre ich nicht so gierig gewesen, hätte ich auf meine Gefühle gehört und die gesamte Transaktion unterlassen. Die Lektion, die ich bekam, kam mich ziemlich teuer zu stehen!

Nach meiner Erfahrung mit den Videos nahm ich mir vor, auf meine Intuition, meine Gefühle und Ahnungen zu hören – selbst dann, wenn das, was ich »höre«, mir nicht gefällt. Heute bin ich sehr vorsichtig, wenn ich einer bestimmten Person gegenüber ein schlechtes Gefühl habe. Möglicherweise verwende ich ein wenig zusätzliche Zeit darauf, zu recherchieren, ob er oder sie die richtige Person für einen Geschäftsabschluß ist. Allerdings verlasse ich mich nicht nur auf meine Intuition und meine Gefühle. Wenn ich wichtige Entscheidungen treffe, besteht mein erster Schritt meistens darin, daß ich alle relevanten Informationen sammle, die mir verfügbar sind. Wenn ich schließlich eine Entscheidung treffen *muß*, versuche ich, sie im Einklang mit beiden Bereichen meines Gehirns, dem intuitiven und dem rationalen, zu treffen, und spüre nach, was sich richtig anfühlt. Ich glaube, daß zwei Köpfe oder das Benutzen beider Gehirnhälften besser sind als einer. Nur wenn wir unsere intuitive rechte Gehirnhälfte in Kombination mit unserer analytischen linken Gehirnhälfte nutzen, können wir uns ein vollständiges Bild machen. Von diesem »Gesamtbild« ausgehend, können wir die bestmöglichen Entscheidungen treffen.

Wenn Sie mit einer größeren Entscheidung konfrontiert sind und alle verfügbaren rationalen und intuitiven Informationen gesammelt haben, aber das Bild noch immer nicht klar erkennbar ist, können Sie noch folgendes tun. Überprüfen Sie zunächst einmal, ob Sie diese Entscheidung tatsächlich in Gottes Hände gelegt haben. Es könnte sein, daß Sie sich von Ihren Bedürfnissen haben leiten lassen und deshalb die Situation nicht klar eingeschätzt haben. Zweitens sollten Sie sich mit einem guten Freund/einer guten Freundin über die Sache unterhalten. Manchmal wird er/sie Ihnen genau das sagen, was Sie hören müssen, um die Klarheit zu gewinnen, die Sie suchen. Drittens können Sie, wie ich bereits ausführte, einen Deal mit Gott abschließen. Wenn Sie nicht sicher sind, was Sie tun sollen, können Sie sagen: »Ich glaube, du möchtest, daß ich mich für die Option Nummer eins entscheide. Wenn du wirklich möchtest, daß ich dieser Option entsprechend vorgehe, dann laß es mich wissen, indem du es mir irgendwie bis Sonntag deutlich machst.«

Schließlich können Sie auch noch eine Visionsreise machen. Eine Visionsreise ist ein inneres Abenteuer, das für einen spezifischen Zweck konzipiert wurde. In der Vergangenheit machten Menschen Visionsreisen, um sich wichtige Entscheidungen in ihrem Leben zu erleichtern oder wichtige Übergänge zu feiern. Ich habe entdeckt, daß die Visionsreisen, die ich gemacht habe, mir immer die Klarheit verschafften, die ich suchte. Eine solche Reise kann Sie in die Wüste führen, auf die Berge oder zu jedem Ort, der für Sie eine besondere Bedeutung hat. Die einfache Tatsache, daß Sie eine Reise zu einem entfernten Ort antreten, signalisiert Gott (und Ihnen), daß Sie es ernst meinen. Wenn Sie einmal dort angekommen sind, können Sie jedes Ritual vollziehen, das Ihnen hilft, sich mit Ihrer intuitiven Weisheit zu verbinden. Innerhalb kurzer Zeit werden Sie wahrscheinlich bemerken, daß die Klarheit, die Sie suchen, sich auf magische Weise einstellt. Wie es in der Bibel heißt: »Suchet, so werdet ihr finden.«

Gott ein Stimmrecht bei unseren Geld- und Arbeitsentscheidungen einzuräumen kann Sie erschrecken. Wenn wir uns der universalen Intelligenz öffnen wollen, müssen wir unser Bedürfnis, alles mit unserem rationalen Verstand zu kontrollieren, loslassen. Aber Gott zu seinem Geschäftspartner zu machen braucht keine Alles-oder-nichts-Erfahrung zu sein. Ich glaube, daß wir uns der göttlichen Führung anvertrauen können, während wir *zugleich* unseren rationalen Verstand einschalten. Wenn wir jedoch den Wunsch haben, *ständig* mit unserer inneren Führung in Kontakt zu sein, müssen wir auch die Chance ergreifen, so zu handeln, wie sie es uns sagt. Wir brauchen unsere Glaubensfestigkeit nicht auf die Probe zu stellen, indem wir mit größeren Entscheidungen über unsere Finanzen oder unsere Karriere beginnen. Wir können mit kleinen Entscheidungen anfangen und den Glauben an unseren Geschäftspartner/unsere Geschäftspartnerin, Mr. Gott oder Mrs. Göttin, langsam wachsen lassen, während wir beobachten, welche Ergebnisse sich einstellen. Gott hält ständig Ausschau nach einigen tüchtigen Leuten, die er zu seinen Angestellten machen will, damit sie der Menschheit dienen. Sie haben mittlerweile ein Repertoire mehrerer Möglichkeiten, den Schöpfer wissen zu lassen, daß Sie für einen Job verfügbar sind.

Gedächtnisstützen: wahrer Reichtum

1. Sie können Geld verdienen, indem Sie einfach auf intuitive Informationen oder die Führung Gottes achten. Oft bringen kreative Ideen und Projekte, die aus einer solchen Führung heraus geboren werden, Erfolg in der materiellen Welt.

2. Es gibt verschiedene Möglichkeiten, die Führung Gottes zu erkennen und auf sie zu hören: auf Ihre Intuition zu achten, Ihren Tag- und Nachtträumen Aufmerksamkeit zu schenken, »Deals« mit Gott abzuschließen und die Zeichen, die das Universum Ihnen schickt, richtig zu deuten.

3. Die Nutzung beider Gehirnhälften wird wahrscheinlich zu besseren Ergebnissen führen, als wenn Sie sich nur einer Methode, zu Informationen zu gelangen, bedienen. Wenn Sie Ihren analytischen, rationalen Verstand in Kombination mit Ihrer Spiritualität und Intuition nutzen, sind Sie imstande, die bestmöglichen Entscheidungen über Ihre Arbeit zu fällen.

7. Kapitel

Innere und äußere Ziele

*»Es gibt zwei Wege, glücklich zu sein.
Wir können entweder unsere Wünsche
herunterschrauben oder unsere Mittel
vermehren. Wenn Sie weise sind, tun
Sie beides zugleich.«*

BENJAMIN FRANKLIN

Was für ein Gefühl haben Sie, wenn es darum geht, sich Ziele zu setzen? Wenn Sie so sind wie die meisten spirituell orientierten Menschen, sind Sie jetzt geneigt, zum nächsten Kapitel weiterzublättern. Viele Menschen haben die Vorstellung, daß es antispirituell sei, sich Ziele zu setzen. In Wirklichkeit verlangt jedes spirituelle Wachstum nach einer gewissen Disziplin. Ziele sind einfach eine Methode, Disziplin zu üben, um das zu erreichen, was einem am wichtigsten ist. Da das Wort »Ziele« für manche Menschen eine negative Bedeutung hat, ersetze ich es häufig durch: *Ihre Träume realisieren.*

In diesem Kapitel werden Sie einen wirkungsvollen und altbewährten Prozeß kennenlernen, um Ihre inneren und äußeren Träume zu verwirklichen. Schließlich ist der Besitz von Geld weitaus weniger wichtig als die Meisterung des *Prozesses*, durch den Sie das erschaffen, was Sie sich in Ihrem Leben wünschen. Sich Ziele zu setzen und auf sie hinzuarbeiten ist vielleicht die bewährteste und wirkungsvollste

Technik zur effizienten und effektiven Realisierung Ihrer Wünsche.

1953 wurde an der *Yale University* eine Studie durchgeführt, in der alle Studenten, die ihren Abschluß machten, gefragt wurden, ob sie schon einmal ihre Lebensziele schriftlich festgehalten hatten. Nur ungefähr 3 Prozent hatten mindestens ein Ziel aufgeschrieben. Im Laufe von zwanzig Jahren wurde überprüft, wie diese 3 Prozent im Leben zurechtkamen – im Gegensatz zu den 97 Prozent von *Yale*-Absolventen, die in jenem Jahr keine Ziele aufgeschrieben hatten. 1973, als man Bilanz zog, entdeckten die Wissenschaftler, daß die Personen, die ihre Ziele aufgeschrieben hatten, nach ihren eigenen Aussagen glücklicher waren als der Rest. Sie waren zudem gesünder, weniger häufig geschieden und zufriedener mit ihrer Karriere. Die Forscher fanden sogar heraus, daß die 3 Prozent, die ihre Ziele aufgeschrieben hatten, finanziell besser dastanden als die anderen 97 Prozent zusammen. Das bedeutet, daß ihr Einkommen mehr als dreißigmal höher war als das ihrer Kommilitonen! Zu wissen, was Sie in Ihrem Leben erreichen wollen, und es als Ziel aufzuschreiben ist ein altbewährtes und kraftvolles Mittel, um Ihre Träume zu realisieren.

Ausgewogene Ziele

Da das Aufschreiben Ihrer Ziele so viel Energie erzeugt, müssen Sie genau wissen, was Sie wollen. Wenn Sie Ihre Träume nicht genau beschreiben, riskieren Sie, am Ende einen Alptraum zu träumen. Manchmal erzeugen Menschen, die ihre Ziele aufschreiben, nur Disharmonie. Ihre Ziele sind rein äußerliche Ziele – beispielsweise, mehr Geld zu haben. Eine größere Menge Geld hat jedoch kaum eine positive Wirkung, wenn Sie sie auf Kosten Ihrer Zeit, Ihrer Beziehungen und Ihres Seelenfriedens erwerben. Deshalb ist es, glaube ich, am besten, sich *ausgewogene Ziele zu setzen*, Ziele also, die *sowohl ein inneres als auch ein äußeres Element enthalten*. Wenn Sie sich beispielsweise mehr Geld wünschen, ist es hilfreich zu wissen, warum Sie dies tun. Wenn Sie durch die Mehrung Ihres Besitzes größeren Seelenfrieden erlangen möchten, warum setzen Sie sich dann nicht das Ziel, sich mehr Seelenfrieden zu verschaffen *und* mehr Geld zu verdienen?

Sich ausgewogene Ziele zu setzen ist in vielerlei Hinsicht vorteilhaft. Zunächst einmal ist es wahrscheinlich, daß Sie genau ins Schwarze treffen, wenn Sie sowohl das innere als auch das äußere Ziel kennen, das Sie anstreben. Einige Menschen, die sich nur am äußeren Ziel orientieren (zum Beispiel Geld zu verdienen), verfehlen am Ende das innere Ziel. Sie verdienen Millionen, aber sie bekommen nicht das, was sie wirklich wollen – beispielsweise mehr Seelenfrieden.

Ausgewogene Ziele haben noch einen weiteren Vorteil: Sie ermöglichen es den Menschen, das, was sie sich wirklich wünschen, rasch zu realisieren. Letztlich wünschen sich die Menschen Frieden; mehr Geld zu verdienen ist nur ein *Weg*, um ihn zu schaffen. Wenn ein Mensch verschiedene Möglichkeiten erkundet, zu innerem Frieden zu finden, wird er mit fast hundertprozentiger Sicherheit mehr Erfolg haben.

Ein dritter Vorteil ausgewogener Ziele besteht darin, daß sie Menschen helfen, spirituell und finanziell zu wachsen. Es ist nicht sinnvoll, uns Ziele zu schaffen, die unsere spirituellen Bemühungen behindern. Aber wir können es uns auch nicht leisten, die Herausforderungen der materiellen Welt zu ignorieren. Sich ausgewogene Ziele zu setzen ist eine Möglichkeit, Ausgewogenheit in uns selbst zu schaffen, so daß es uns leichter fällt, ein harmonisches Leben zu führen.

Vor einigen Jahren kam ein reicher Student namens Steven zu mir in die Beratung. Er erklärte, es sei sein Ziel, mehr Geld zu verdienen. Nachdem ich ihm ein paar Fragen gestellt hatte, fand ich heraus, daß er über 200 000 Dollar im Jahr verdiente! Als ich ihn fragte, warum er mehr Geld haben wollte, sagte er: »Wenn ich mehr Geld hätte, dann hätte ich endlich die Selbstachtung und den Erfolg, nach denen ich mich immer gesehnt habe.«

Nach meiner Einschätzung brauchte er nicht mehr Geld – er brauchte mehr Selbstachtung. Hätte ich ihm jedoch gesagt, daß er jenes innere Ziel anstreben müsse, dann hätte er meine Praxis wahrscheinlich sofort verlassen. Statt dessen schlug ich ihm vor, daß wir gemeinsam ein ausgewogenes Ziel in seinem Leben formulierten. Wir entwickelten einen Plan, um sein Einkommen zu steigern, und einen davon unabhängigen Plan, um seine Selbstachtung zu steigern. Die Synergie unserer beiden Pläne führte erstaunlich rasch zum Erfolg. Die Arbeit an seiner Selbstachtung führte dazu, daß er mehr Geld verdiente, und während er mehr Geld verdiente, stieg seine Selbstachtung noch beträchtlich. Zwei Ziele, die sich gegenseitig verstärken, sind sehr viel besser als eines.

Äußere Ziele

Auch als spirituelle Wesen müssen wir lernen, unsere tiefsten Wünsche und Bedürfnisse auf der materiellen Ebene zu realisieren. Ein »äußeres Ziel« ist Ausdruck des Wunsches, etwas auf der materiellen Ebene zu verwirklichen – beispielsweise einen neuen Job oder ein Haus. Wie ich in der Einleitung erwähnte, war mein erstes größeres Ziel die Produktion eines Videos, in dem ich erklärte, wie man eine erfolgreiche intime Beziehung gestaltet. Da ich weder Geld noch Sicherheiten hatte und 45 000 Dollar aufbringen mußte, war ich mit einer schwierigen Aufgabe konfrontiert. Ich formulierte ein Ziel und schrieb jede mögliche Handlung auf, die mir helfen konnte, es zu erreichen. Ich bat Experten in der Kunst des Geldverdienens um ihren Rat. Von erfahrenen Geschäftsleuten lernte ich, wie wichtig es ist, eine Geschäftsstrategie zu entwickeln. Ich kaufte mir ein Buch zu dem Thema und schrieb bald selbst eines. In meinem Strategieplan beschrieb ich ein System, nach dem Investoren als Gegenleistung für ihren Vorschuß einen bestimmten Prozentsatz der Profite bekommen. Ich händigte meinen Strategieplan allen, die mir in den Sinn kamen, aus und konnte nach drei Wochen mit mehr als 23 000 Dollar Vorschuß rechnen. Leider stieß ich danach gegen eine Wand.

Dieser Moment gehört zu jedem Lernprozeß – deshalb ist es wichtig zu lernen, wie man ihn überwindet. Als ich keine weiteren Investoren gewinnen konnte, war ich zunächst am Boden zerstört. Ich hatte mir zuvor geschworen, mir keinesfalls von den Mitgliedern meiner Familie Geld zu leihen, aber jetzt geriet meine Entschlossenheit ins Wanken. Sosehr ich mich auch bemühte, weitere Interessenten an dem Projekt zu beteiligen – es gelang mir einfach nicht. Schließlich betete ich um göttliche Führung. Zu meiner Überraschung lautete die Botschaft, die ich empfing, daß ich mit den Videoaufnahmen beginnen solle. Irgendwie brachte ich den Mut auf, mich der göttlichen Führung gemäß zu verhalten, und nahm das Projekt in Angriff. Drei Tage später riefen mich mehrere Investoren scheinbar aus dem Blauen heraus an und boten mir 60 000 Dollar an. Schließlich mußte ich Investoren zurückweisen, weil ich zu viel Geld hatte! Intuitiv fühlte ich, daß meine Bereitschaft, das Projekt in Angriff zu nehmen, der Auslöser gewesen war, der neue Investoren auf den Plan rief. Der Mut, den ich damals aufbrachte, trägt noch heute reiche Früchte. Mittlerweile sind es acht Jahre her, seit das Video fertiggestellt wurde, und es bringt mir und meinen Investoren noch immer eine beträchtliche Summe Geld ein.

* * *

In meinen Workshops habe ich Tausende von Menschen durch den Prozeß der »Traummanifestation« geführt. Ich habe gesehen, was funktioniert und was nicht. Im folgenden eine kurze Beschreibung von fünf Schritten, die Sie machen können, um Ihre Wünsche Wirklichkeit werden zu lassen. In meinem Beispiel gehe ich von den Zielen einer Frau namens Sarah aus, mit der ich kürzlich in meiner Praxis zusammenarbeitete.

Schritt 1: Schreiben Sie ein Ziel auf, das Sie gerne erreichen würden. Wenn Sie sich über Ihre Ziele nicht im klaren sind, beantworten Sie die Frage: »Was würde ich gerne haben oder erschaffen? Was ist mir wichtig?« Als ich Sarah diese Frage stellte, sagte sie zunächst, sie hätte gern mehr Geld.

Schritt 2: Schreiben Sie die Kriterien auf, an denen Sie messen werden, ob Sie das Ziel erreicht haben. Ein solches Kriterium des Erfolgs ist die spezifische und nachprüfbare Beschreibung dessen, was Sie sich wann wünschen. Natürlich ist es wichtig, daß Ihr Ziel realistisch ist und der Anstrengung entspricht, zu der Sie bereit sind. Sarah entschied, daß sie innerhalb eines Jahres ihr Einkommen gern um 30 Prozent steigern würde.

Schritt 3: Schreiben Sie alle Schritte auf, die Ihnen helfen könnten, sich Ihrem Ziel zu nähern. Fragen Sie andere Leute, was sie tun würden, um ein ähnliches Ziel zu erreichen. Je mehr Ideen Sie sammeln, desto besser. Sie sollten fähig sein, den folgenden Satz zu ergänzen: »Die sechs oder mehr Dinge, die ich tun könnte, um mir selbst auf dem Weg zu meinem Ziel zu helfen, sind ...« Sarahs Liste von Ideen zur Steigerung ihres Einkommens um 30 Prozent sah folgendermaßen aus:

1. Darauf hinarbeiten, daß ich befördert werde, indem ich die besonderen Bedürfnisse meines Chefs herausfinde und alles tue, was mir möglich ist, um ihn zu beeindrucken.

2. Dem Chef meines Chefs hilfreiche Vorschläge unterbreiten.

3. Überstunden machen, um bessere Leistungen zu erbringen.

4. Ein Buch über Marketing lesen, damit mir Ideen kommen, wie ich den Umsatz unseres Produkts steigern kann.

5. Ein Buch über Kreativität lesen, um mich zu Einfällen inspirieren zu lassen, wie man der Firma helfen kann.

6. Anfangen, Artikel zu schreiben, die ich an ein Handels-

magazin verkaufen kann, damit ich mehr Geld verdiene und mich in meinem Bereich als Expertin profiliere.

Schritt 4: Ausgehend von Schritt 3 entwerfen Sie einen Stufenplan, der die Reihenfolge enthält, in der Sie die Schritte verwirklichen wollen. Stellen Sie sich dazu die Frage: »Womit soll ich beginnen, was soll ich als zweites, was als drittes an die Hand nehmen?

Schritt 5: Finden Sie heraus, was funktioniert und was nicht, und nehmen Sie entsprechende Anpassungen vor. Teilen Sie das große Ziel fortwährend in kleine Schritte auf. Erledigen Sie jede Aufgabe in der Reihenfolge, die Ihrer Meinung nach die günstigste ist.

Das ist alles, was Sie tun müssen, um Ihre Ziele in der materiellen Welt zu verwirklichen. Es klingt leicht, aber Sie müssen mit vielen Hindernissen rechnen. Hindernisse sind unerwartete Ereignisse, die das Leben Ihnen in den Schoß wirft. Beispielsweise wird es schwieriger, Ihr Einkommen um 30 Prozent zu steigern, wenn Ihre Firma Personal abbaut und Sie entläßt. Ich habe aber herausgefunden, daß die meisten Hindernisse irgendwo zwischen unseren Ohren angesiedelt sind. Im folgenden eine Liste der zwölf häufigsten Irrtümer, denen Menschen verfallen, wenn sie versuchen, ihre Ziele zu erreichen.

Irrtum 1: Seine Ziele nicht aufzuschreiben und/oder keine klaren Kriterien für den Erfolg zu haben – einschließlich eines Termins, wann das Ziel (oder ein Teilziel) erreicht werden soll.

Irrtum 2: Sich unrealistische Ziele zu setzen, um die Zeit aufzuholen, die man möglicherweise in der Vergangenheit vergeudet hat. Unrealistische Ziele wirken, wenn sie nicht erreicht werden, entmutigend, was dazu führen kann, daß man völlig aufgibt.

Irrtum 3: Zu viele Ziele gleichzeitig erreichen zu wollen, um einen Rückstand aufzuholen; dies kann zu Entmutigung oder einem Mangel an Konzentration führen.

Irrtum 4: Die Unfähigkeit, jedes Ziel in kleine, leicht zu bewältigende Schritte aufzuteilen. Wenn man dies nicht tut, dann besteht die Gefahr, daß man sich von der Schwierigkeit der Aufgabe überwältigt fühlt – und schließlich aufgibt.

Irrtum 5: Das Versäumnis, den Stufenplan aufzuschreiben und sich täglich vor Augen zu führen.

Irrtum 6: Ein Mangel an Engagement, um unvorhergesehene Hindernisse zu überwinden.

Irrtum 7: Das Versäumnis, den nächsten Schritt zum Erreichen seines Ziels auf seinen Terminplan zu setzen.

Irrtum 8: Ein Mangel an Geduld für die kleinen Schritte. Dadurch eine Tendenz zur Unbeständigkeit; man ist nicht mehr »am Ball«.

Irrtum 9: Das Unvermögen, ein effektives System zu schaffen, um motiviert und »am Ball« zu bleiben, bis das Ziel erreicht ist.

Irrtum 10: Ein Mangel an Flexibilität, wenn etwas nicht ganz klappt. Dies kann dazu führen, daß man aufgibt, anstatt seinen Plan entsprechend anzupassen.

Irrtum 11: Ein Mangel an Bereitschaft, andere Menschen oder Experten um Rat zu bitten, wie man sein Ziel am besten erreicht. Einsatz einer unzulänglichen oder nicht brauchbaren Methode, um die Aufgabe anzugehen.

Irrtum 12: Die unbewußte Überzeugung, daß ein bestimmtes Ziel für einen selbst nicht erreichbar ist. Dadurch sabotiert man seine eigenen Anstrengungen.

Wenn Sie Schwierigkeiten haben, ein Ziel zu erreichen, dann gehen Sie diese Liste der üblichen Irrtümer durch und überprüfen Sie, ob einer der Punkte auf Sie zutrifft. Je weniger Irrtümer Sie begehen, desto wahrscheinlicher ist es, daß Sie Ihr Ziel erreichen.

Innere Ziele

Da die Menschen in unserem Kulturkreis sich so weitgehend an Äußerlichkeiten orientieren, ist ihnen die Vorstellung, innere Ziele planmäßig zu erreichen, eher fremd. Bei den inneren Zielen geht es darum, eine bestimmte innere Erfahrung zu machen oder einen bestimmten Charakterzug stärker auszubilden. Vielleicht wollen Sie liebevoller sein, freundlicher, innerlich friedvoller, wollen weniger Ärger und Wut empfinden und sich freier fühlen. Eine gute Möglichkeit, mit einem wichtigen inneren Ziel in Kontakt zu kommen, sind

142

die Fragen: »Welche Erfahrung möchte ich gerne machen? Was an mir möchte ich verändern?« Wie immer die Antwort auf jene Fragen auch lauten mag – Sie können sie zu einem inneren Ziel machen.

Ich habe bereits erwähnt, wie wertvoll es ist, sich ausgewogene Ziele zu setzen – ein äußeres und ein inneres Ziel, die beide aufeinander bezogen sind. Um sich ein ausgewogenes Ziel zu setzen, müssen Sie zwei Dinge wissen. Erstens müssen Sie sich darüber klar sein, was Sie in der materiellen Welt gerne realisieren würden. Zweitens sollten Sie die Gefühle und Erlebnisse benennen, die Sie haben möchten, wenn Sie Ihr Ziel erreichen. Im letzten Abschnitt erwähnte ich das Beispiel einer Frau namens Sarah, die ihr Einkommen um 30 Prozent steigern wollte. Als Sarah in meinem Sprechzimmer saß, fragte ich sie: »Warum möchten Sie Ihr Einkommen um 30 Prozent steigern?« Sie erwiderte: »Damit ich mir endlich ein eigenes Haus kaufen kann.« Dann fragte ich sie: »Warum möchten Sie Ihr eigenes Haus kaufen?« Sie dachte einen Moment lang darüber nach und sagte: »Damit ich mir eine Umgebung schaffen kann, in der ich mich sicher und geborgen fühle.«

Sarah hatte den tiefen Wunsch, sich in ihrem Leben sicher und geborgen zu fühlen. Ein höheres Einkommen war nur das Mittel zum Zweck. Da sie wußte, was sie wollte, schlug ich ihr vor, daß sie das zu ihrem inneren Ziel machen solle. Sarahs spontane Antwort auf meinen Vorschlag war: »Wie stellt man das an?« Ich erwiderte: »Wenn Sie wüßten, daß Sie eine Million Dollar bekämen, wenn Sie sich in zwei Monaten sicherer und geborgener fühlten – würden Sie dann eine Möglichkeit finden, jene Gefühle stärker zu aktivieren?« Sarah antwortete sofort: »Ja, gewiß.« Wenn es einen genügend triftigen Grund gibt, um ein inneres Ziel zu erreichen, finden wir immer eine Möglichkeit, es zu realisieren. Indem sich Sarah sowohl ein inneres als auch ein äußeres Ziel setzte, das zu derselben Erfahrung führte, konnte sie dieses rascher und müheloser erreichen.

Ein weiterer Vorteil ausgewogener Ziele besteht darin, daß diese den Menschen, die nach materiellem Wohlstand streben, helfen, auf Kurs zu bleiben. Viele Menschen, die versuchen, mehr Geld zu verdienen oder erfolgreich zu sein, vergessen schließlich, wofür sie das überhaupt tun. Sie verlieren die Tatsache aus den Augen, daß es ihnen in Wirklichkeit darum geht, eine bestimmte innere Erfahrung zu machen. Es ist eine traurige Wahrheit, daß viele Menschen am Ende Millionen besitzen – und von Millionen Sorgen und Ängsten geplagt sind. Wenn Sie zunächst einmal klären, welche Erfahrung Sie letztlich machen wollen, und dann diese Erfahrung ständig als Ziel im Auge behalten, haben Sie eine sehr viel größere Chance, sowohl Reichtum als auch inneren Frieden zu schaffen.

Um zu wissen, welches innere Ziel Ihren Wünschen entspricht, stellen Sie sich folgende Frage: »Welches Gefühl soll mir die Verwirklichung meines äußeren Ziels (mehr Geld, ein Haus etc.) vermitteln?« Wenn Sie die Antwort auf diese Frage gefunden haben, sollten Sie jene Erfahrung zum Fokus Ihres inneren Ziels machen. Hier ein Beispiel, wie Sie in fünf Schritten Ihr inneres Ziel erreichen können. Als Beispiel nehme ich meine therapeutische Arbeit mit Sarah.

Schritt 1: Schreiben Sie Ihr inneres Ziel auf. Fragen Sie sich: »Welches Gefühl soll mir das Erreichen meines äußeren Ziels vermitteln?«

Schritt 2: Schreiben Sie das Kriterium auf, das festlegt, ob Sie das Ziel erreicht haben. Ich schlage Ihnen eine »intuitive Skala« vor, nach der Sie bewerten, ob Sie auf dem richtigen Weg sind. Fragen Sie sich: »Wie weit habe ich auf einer Skala von 1 bis 10 (wobei 10 das bestmögliche Ergebnis symbolisiert) mein inneres Ziel bereits realisiert?« Als ich Sarah diese Frage stellte, sagte sie, sie stehe »ungefähr bei 4«. Dann fragte ich sie: »Wo wollen Sie auf einer 1–10-Skala stehen und bis wann?« Sie antwortete: »Ich wäre in fünf Monaten gerne bei 7.«

Schritt 3: Brainstorming-Schritte, die Sie unternehmen können, um sich in Richtung Ihres Ziels zu bewegen. Fragen Sie andere Leute, wie sie es anstellen würden, dieses Ziel zu erreichen. Je mehr Ideen Sie sammeln, desto besser. Sie sollten fähig sein, den folgenden Satz zu ergänzen: »Die sechs oder mehr Dinge, die ich tun kann, um mich meinem Ziel zu nähern, sind …« Sarah stellte die folgende Liste auf:

1. Menschen, die sich in ihrem Leben sicher und geborgen fühlen, fragen, was ihr Geheimnis ist.

2. Meditieren lernen, damit ich meinen Geist beruhigen und mich innerlich sicherer fühlen kann.

3. Mir Hypnosetonbänder anhören, um meinen Geist zu beruhigen und meine Ängste zu vertreiben.

4. Einen Selbstverteidigungskurs besuchen, damit ich weiß, daß ich mich immer verteidigen kann, wenn ich es muß.

5. Ein Buch über Selbstvertrauen lesen, so daß ich mich

wohler fühle, wenn ich mit anderen Menschen zusammen bin.

6. Zwei Freunde fragen, was mir nach ihrer Meinung helfen würde, mein Gefühl von Geborgenheit und Sicherheit zu stärken.

Achten Sie darauf, daß ich Sarah in dem obigen Beispiel anregte, ihren Fortschritt in Richtung auf mehr Sicherheit und Geborgenheit zu messen. Was Sie messen können, können Sie immer verbessern. Natürlich ist eine intuitive »1-bis-10-Skala« nicht absolut präzise, aber mir ist von vielen Menschen versichert worden, daß sie ihre Fortschritte überraschend genau zu messen vermochten. Fragen Sie sich etwa einmal in der Woche: »Wo stehe ich jetzt (auf der Skala von 1 bis 10)?« Hoffentlich wird im Laufe der Zeit eine allmähliche Verbesserung erkennbar. Wenn nicht, bedeutet das möglicherweise, daß Sie andere Dinge tun müssen, um erfolgreicher zu sein.

Um die besten Ergebnisse zu erzielen, schreiben Sie Ihre Ziele auf ein Blatt Papier, das Sie sich jeden Tag anschauen können. Lesen Sie Ihren Plan etwa einmal in der Woche durch, und überprüfen Sie, wo Sie stehen. Denken Sie darüber nach, ob Sie in der nächsten Woche irgendwelche weiteren Schritte realisieren können.

Indem sie kleine Schritte in Richtung ihres inneren und äußeren Ziels zurücklegte, war Sarah fähig, sowohl das eine als auch das andere zu erreichen. Tatsächlich erreichte sie ihr inneres Ziel (sich mehr Sicherheit und Geborgenheit zu verschaffen) sehr viel schneller, als sie erwartet hatte. Sarah berichtete mir, daß ihr neu erworbenes Gefühl der Geborgenheit ihr bei ihrer Arbeit große Vorteile brachte, was schließlich zu einer Gehaltserhöhung führte. Wenn Menschen sich ausgewogene Ziele setzen, dann führt dies bei ihrer Arbeit häufig zu einem Synergieeffekt mit außergewöhnlichen Ergebnissen.

Imaginierte Erfahrung

Auch Ihre Fähigkeit zur Imagination kann Ihnen beim Streben nach Ihren Zielen von Nutzen sein. Versuchen Sie also in regelmäßigen Abständen, sich vorzustellen, Sie hätten diese bereits erreicht. Wissenschaftler haben bewiesen, daß Ihr Körper nicht unterscheiden kann, ob er eine Handlung tatsächlich vollzieht oder ob er sich dies nur vorstellt. Was würde geschehen, wenn Sie sich jeden Tag fünf Minuten lang auf die Vorstellung konzentrierten, daß Sie krank werden? Die meisten Menschen würden das nicht gerne tun, weil sie intuitiv wissen, daß es wahrscheinlich funktioniert. Leider vergessen wir aber auch das Gegenteil – uns das vorzustellen, was wir uns im Leben am meisten wünschen. Untersuchungen zeigen, daß das Bewußtsein das, was es sich vorzustellen und zu glauben vermag, auch verwirklichen kann. Die Vorstellung, die eigenen Ziele seien bereits erreicht, ähnelt einem Gebet. Sie sendet dem Unterbewußtsein (und vielleicht Gott) eine Botschaft, in welche Richtung wir gehen wollen.

Während der letzten beiden Jahrzehnte wurde viel über die Kraft der Visualisierung und des Gebets geschrieben. Wie bei jeder neuen Idee wurden mehrere neue Methoden entwickelt, die der Kunst der vorgestellten Erfahrung zu einer sehr viel größeren Wirkung verhelfen. Eine davon ist das »neurolinguistische Programmieren« (NLP). Es beruht zu einem Teil darauf, daß Menschen verschiedene Wege wählen, um innere Erfahrungen zu realisieren. Nehmen Sie sich beispielsweise jetzt einen Augenblick Zeit, um sich daran zu erinnern, wie es war, als Sie Ihren Abschluß an der Hochschule oder am Gymnasium machten. Schließen Sie Ihre Augen, und lassen Sie Ihre Erinnerungen hochkommen.

Auf welche Weise haben Sie sich jene Erfahrung wieder ins Bewußtsein gerufen? Haben Sie sie vor allem visualisiert? Oder haben Sie sich an die Geräusche und Reden jenes Tages erinnert? Vielleicht haben Sie sich nur bewußtgemacht, was für ein Gefühl Sie hatten. Jeder Mensch hat seine eigene Art, sich Ereignisse vorzustellen. Die Schöpfer des NLP stellten fest, daß die Erinnerung an vergangene Ereignisse oder die Vorwegnahme zukünftiger Ereignisse realistischer werden, wenn die Menschen dazu gebracht werden, die Intensität ihrer Bilder, Geräusche und Gefühle zu vertiefen.

Stellen Sie sich vor, Sie hätten eine TV-Fernbedienung, die Ihre inneren Bilder farbintensiver und größer macht. Stellen Sie sich einen zweiten Knopf vor, der die Geräusche verstärkt, und einen dritten Knopf, der die Intensität Ihrer Gefühle steigert. Kehren Sie jetzt noch einmal zu der Vorstellung Ihrer Abschlußfeier zurück, und überprüfen Sie, ob Sie durch Drücken der verschiedenen »Knöpfe« die Erinnerung an jenes Ereignis »realer« machen können. Mit ein wenig Übung werden Sie wahrscheinlich eine bestimmte Einstellung finden, die bewirkt, daß Ihre Erinnerungen tatsächlich äußerst lebendig werden. Versuchen Sie zunächst einmal, die Bilder zu vergrößern und die Farbe zu intensivieren. Überprüfen Sie als nächstes, ob Sie die Geräusche in Stereo spielen können. Experimentieren Sie weiter mit Ihrer Vorstellungskraft, bis die Erfahrung noch lebendiger wird. Wenn Sie wissen, wie Sie die Intensität Ihrer inneren Erfahrungen verstärken, können Sie diese Fähigkeit nutzen, um Ihre Hoffnungen und Träume wahr werden zu lassen. Je klarer Sie Ihre Träume visualisieren und sinnlich erfahren, desto leichter wird es Ihnen fallen, sie zu realisieren.

Der wichtigste Aspekt dieser Visualisierung (oder dieses Gebets) ist die Fähigkeit, in einer tiefen Schicht Ihrer Seele wirklich zu spüren, daß Sie alles tun können, was Sie sich vorstellen. In meinen Workshops ermutige ich die Teilnehmer, sich auf die »besondere Schwingung« einzustellen, die die Realisierung ihres Traums ihnen vermitteln würde. Mit ein wenig Übung können Sie Ihr Bewußtsein und Ihren Körper auf bestimmte Schwingungen oder Frequenzen einstellen – genau wie ein Radio. Wenn Sie sich auf eine wohltuende Frequenz einstellen, beispielsweise die, im Wohlstand zu leben, werden Sie entdecken, daß das Geld Ihnen ungehindert zufließt.

Erfolgreiche Führungspersönlichkeiten in fast jedem Bereich werden Ihnen sagen, daß sie »wußten«, daß sie eines Tages Erfolg haben würden. Schließlich hatten sie ihren Erfolg sehr deutlich visualisiert und im Geiste gelebt. Was das Bewußtsein glaubt, kann der Körper realisieren. Versuchen Sie es selbst, und machen Sie Ihre Träume wahr!

Gedächtnisstütze: wahrer Reichtum

1. Sie können Ihre Träume realisieren, wenn Sie sich sowohl innere als auch äußere Ziele setzen.

2. Um die Ziele, die Sie anstreben, zu verwirklichen, halten Sie folgende Punkte schriftlich fest: (a) was Sie gerne erreichen würden, (b) welches Ihre Kriterien für Erfolg sind und (c) welche Schritte Sie machen wollen, um Ihren Traum zu realisieren.

Machen Sie kleine Schritte in logischer Reihenfolge, und bewerten Sie in regelmäßigen Abständen Ihren Erfolg. Sorgen Sie dafür, daß Sie die zwölf Irrtümer vermeiden, die die Menschen gewöhnlich begehen, wenn sie versuchen, ihre Ziele zu erreichen.

3. Wenn Sie sich ein inneres Ziel setzen, fragen Sie sich: »Welchen Aspekt meiner Persönlichkeit möchte ich verändern?« Stützen Sie sich auf eine intuitive (1 bis 10) Skala, um Ihren Fortschritt zu messen, und benutzen Sie moderne Visualisierungsmethoden, die Sie motivieren, auf Kurs zu bleiben.

8. Kapitel

Die Kraft Ihres Versprechens

>*»Viele Menschen wissen,
was sie tun sollen, aber wenige
Menschen tun, was sie wissen.«*
ANTHONY ROBBINS

Stellen Sie sich vor, Sie sitzen in einer Rakete und versuchen, den Mond zu erreichen. Die Landung auf dem Mond würde die Realisierung all Ihrer materiellen Wünsche bedeuten. In Kapitel 6 stellte ich nichtlineare oder spirituelle Methoden vor, damit Ihre Rakete eine größere Schubkraft erhält und immer weitere Strecken zurücklegt. In Kapitel 7 erörterte ich, wie Sie Ihre Rakete während der Reise auf Kurs halten. In diesem Kapitel geht es darum zu lernen, wie Sie ihr all den Treibstoff beschaffen, den sie für den Flug zum Mond braucht. Wie hoch entwickelt eine Rakete auch sein mag, sie ist wertlos, wenn sie nicht genügend Treibstoff hat, um die weite Entfernung zurückzulegen.

Welcher spezifische Charakterzug ist Ihrer Meinung nach eine Garantie für Erfolg? Talent? Führungsqualitäten? Wissen? Meiner Meinung nach ist dies die *Beharrlichkeit*. Von Thomas Edison bis zu Mutter Teresa – die erfolgreichsten Menschen in jedem Bereich sind diejenigen, die über einen längeren Zeitraum motiviert bleiben können. Deshalb sind Menschen, die ihre Arbeit lieben, tendenziell erfolgreicher als die, die es nicht tun. Sie sind in ihren Anstrengungen einfach beharrlicher. Leider haben Menschen Schwierigkeiten, über einen langen Zeitraum motiviert und leistungsfähig zu bleiben. Das Unvermögen, ihre Pläne beharrlich zu verfolgen, bringt die meisten zu Fall. Aber jetzt gibt es eine Methode, die so wirkungsvoll ist, daß sie Ihr Leben von Grund auf verändern wird.

Bevor ich Ihnen die Technik, wie man Motivation und Leistungsfähigkeit auf einem hohen Niveau hält, verrate, will ich Ihnen rasch erzählen, was mich dazu anregte, sie mir auszudenken. Bei meiner Arbeit als Psychotherapeut bemerkte ich, daß Menschen gewöhnlich genau wissen, was sie tun müssen, um ihr Leben oder ihre finanzielle Situation zu verbessern. Das Problem ist, *sie tun es einfach nicht*. Eine Grundregel der Psychologie lautet, daß Menschen aktiv werden, um *unmittelbaren* Schmerz zu vermeiden oder *unmittelbar* Lust oder Freude zu empfinden. Beispielsweise wissen Menschen, die sich verschuldet haben, daß sie das in Schwierigkeiten bringt. Aber sie verschulden sich immer wieder von neuem. Warum? Weil das Kaufen von Dingen ihnen hilft, unmittelbaren Schmerz (das Gefühl, sich etwas nicht leisten zu können) zu vermeiden, und zu sofortigem Vergnügen (einem neuen Einkauf) führt. Da der *langfristige* Schmerz der Verschuldung nicht direkt spürbar ist, lernen viele Menschen nie, mit ihren Kreditkarten planvoll umzugehen.

Ich erkannte, daß Menschen, die ein bestimmtes Ziel anstreben, irgendeinen sofortigen Schmerz oder eine sofortige Bestrafung brauchen, wenn sie sich nicht angemessen verhalten. Zum Beispiel wissen Sie wahrscheinlich, daß es Ihnen guttun würde, regelmäßig Sport zu treiben und/oder gesund zu essen, aber da niemand Sie dafür bestraft, wenn Sie dies nicht tun, läßt Ihre Disziplin zu wünschen übrig. Wenn allerdings immer dann, wenn Sie nicht Sport treiben, jemand zu Ihnen ins Haus käme und Ihnen einen Faustschlag versetzte, wären Sie sehr viel konsequenter. Allerdings würden Sie wahrscheinlich zögern, jemanden zu engagieren, der Ihnen körperliche Schmerzen zufügt. Deshalb müssen Sie sich, wenn Sie von jenen Zielen abweichen, eine unmittelbare Bestrafung ausdenken, *die Sie sich selbst zufügen.*

Nach vielem Herumprobieren fand ich eine Lösung, die funktioniert. Ich nenne sie die Fünf-Mark-Methode. In den letzten drei Jahren habe ich diese Methode Tausenden von Menschen beigebracht, und die Ergebnisse waren erstaunlich. Ich kenne keine andere psychologische Methode, die so wirkungsvoll ist. Sie brauchen weder an diese Methode zu glauben, noch müssen Sie sie mögen, damit sie erstaunliche Veränderungen in Ihrem Leben bewirkt. Sie müssen Sie nur anwenden. Und darum geht es:

Setzen Sie einen schriftlichen Vertrag mit sich selbst auf, in dem Sie alle Aufgaben festlegen, die Sie im Laufe der folgenden Woche erfüllen wollen. Dann fügen Sie folgenden Satz hinzu: »Für jeden Vertragspunkt, den ich nicht einhalte, werde ich fünf Mark in den Müllcontainer werfen.« Am Ende datieren Sie Ihren Vertrag, unterschreiben ihn und hängen ihn irgendwo auf, wo sie ihn jeden Tag sehen. Das ist alles. Hier ein Beispiel für einen einfachen Vertrag:

»In der nächsten Woche werde ich dreimal mindestens vierzig Minuten lang Sport treiben. Ich werde mindestens sechzig Seiten des Buches über Investitionsmöglichkeiten lesen, das ich gekauft habe. Ich werde mindestens fünf Leute anrufen und versuchen, ihnen die technischen Geräte zu verkaufen, die ich gerade hereinbekommen habe. Für jede Aufgabe, die ich nicht bis zum 27. September erfüllt habe, werde ich fünf Mark in den Müllcontainer werfen.«

Geld wegzuwerfen ist nicht lustig. Ich kenne Hunderte von Geschichten von Menschen, die ihr Leben von Grund auf änderten, damit sie keine Fünf-Mark-Stücke wegwerfen mußten. Ich habe diese Methode eingesetzt, um Menschen von ihrer Heroin- und Nikotinsucht zu befreien. Ich habe sie benutzt, um Menschen dazu zu bringen, konsequent Sport zu treiben. Ich habe sie benutzt, um Menschen zu helfen, in einem Jahr ihr Einkommen um 500 Prozent zu steigern. Sie funktioniert bei faulen Menschen, sie funktioniert bei motivierten Menschen, sie funktioniert sogar bei Menschen, die absolut sicher sind, daß sie bei ihnen nicht funktioniert. Mit anderen Worten: Wenn Sie sie anwenden, wird sie auch bei Ihnen funktionieren.

Es gibt mehrere Gründe, warum diese Methode so wirksam ist. Zunächst einmal legen Sie sich dadurch fest und machen eine klare Aussage, was Sie zu tun beabsichtigen und bis zu welchem Datum es getan werden soll. Normalerweise haben Menschen eine Menge hochfliegender Ideen, wie sie ihr Leben verbessern können, aber diese Ideen geraten rasch in Vergessenheit. Die Fünf-Mark-Methode erinnert Sie sichtbar an das, wozu Sie sich verpflichtet haben. Zweitens erfahren Sie mit dieser Technik eine sofortige Bestrafung, wenn Sie Ihr Wort nicht halten. Da Ihr Gehirn immer bemüht ist, Schmerz und Leiden zu vermeiden, wird es sein Bestes tun, die Bedingungen des Vertrags zu erfüllen.

Vielleicht fragen Sie sich, warum gerade ein Fünf-Markstück? Warum nicht eine Mark oder zehn Mark? Nachdem ich diese Methode viele Jahre lang mit unzähligen Menschen angewandt hatte, erkannte ich, daß sie mit fünf Mark am besten funktioniert. Wenn man sich schriftlich verpflichtet, für jede nicht erfüllte Aufgabe zehn Mark wegzuwerfen, dann tut man es, wenn es hart auf hart kommt, am Ende doch nicht.

Statt dessen erfindet man irgendwelche Ausreden, warum man seinen Vertrag nicht erfüllen konnte, oder man läßt die Sache lieber ganz, anstatt das Geld wegzuwerfen. Im Grunde ist einem das Gefühl, wirklich Verantwortung übernommen zu haben, nicht ganze zehn Mark wert. Auf der anderen Seite ist das Wegwerfen von nur einer Mark für die meisten Menschen nicht so unangenehm, daß es ihre Motivation aufrechterhielte. Fünf Mark hingegen ist für die meisten so viel, daß sie es vorziehen, bei der Stange zu bleiben, beziehungsweise so wenig, daß sie bereit sind, das Geld wegzuwerfen, wenn sie ihren Vertrag nicht erfüllt haben.

Ich habe gesehen, daß die Methode funktioniert, solange die Leute bereit sind, das Geld wirklich wegzuwerfen. Vielleicht nicht in der ersten oder zweiten Woche, aber in der dritten Woche werden Sie entdecken, daß Ihr Bewußtsein Sie geradezu anschreit, das zu tun, was Sie sich vorgenommen haben. Nach einer Weile wird die Fünf-Mark-Methode ein vertrauenswürdiger Freund. Sie können sich darauf verlassen, daß sie Ihnen hilft, all die wichtigen Dinge zu tun, die Sie zuvor ständig vor sich hergeschoben haben. Ein weiterer Vorteil besteht darin, daß diese Technik Ihnen hilft, Selbstvertrauen aufzubauen. Indem Sie festlegen, was Sie jede Woche tun wollen, und Ihr Wort halten, fangen Sie an zu erkennen, daß Sie alles, was Sie sich wünschen, realisieren können.

Im folgenden eine Beschreibung, wie Sie die Fünf-Mark-Methode jede Woche anwenden können:

1. Tun Sie etwas, um Ihren Verstand zur Ruhe zu bringen. Wenn Sie das getan haben, fragen Sie sich: »Welche wichtigen Dinge kann ich diese Woche tun, um in meinem Leben noch größeren inneren und äußeren Reichtum zu

bewirken?« Schreiben Sie alle Ideen auf, die Ihnen in den Sinn kommen.

2. Ausgehend von den zwei, drei oder vier besten Ideen, die Ihnen als Antwort auf Frage eins gekommen sind, denken Sie sich einfache, nachprüfbare Aufgaben aus, die Sie innerhalb einer einzigen Woche erledigen können. Zum Beispiel kann die innere Botschaft,»meine Kunden besser behandeln«, Sie dazu bringen, daß Sie diesen aufrichtige Komplimente machen. Um Ihre geschäftliche Präsenz zu steigern, können Sie sich schriftlich verpflichten, vier potentiellen Kunden Ihre Geschäftskarte zu geben.

3. Schreiben Sie all das auf ein Blatt Papier, was Sie bis zum Ende einer Woche zu tun bereit sind. Dann halten Sie schriftlich fest, daß Sie für jede Aufgabe, die Sie nicht bis zum Ende der Woche erfüllen, fünf Mark in den Müllcontainer werfen werden. Unterschreiben und datieren Sie Ihren Vertrag. Im folgenden ein Beispiel, wie ein solcher Vertrag aussieht.

1. Ich, Jonathan Robinson, verpflichte mich, im Laufe der nächsten Woche das Folgende zu tun:

a) Fünf potentielle Klienten wegen meines Seminars anrufen.

b) Meinen Wagen waschen und eine Anzeige schalten, daß er zu verkaufen ist.

c) Einen Freund/eine Freundin bitten, meinen neuesten Artikel zu lesen, und sein/ihr Feedback einholen.

d) Ein Konto anlegen, um Geld für einen Urlaub auf Bali anzusparen.

e) Wenigstens 30 Minuten am Tag meditieren.

Ich verpflichte mich, für jede der oben genannten Verpflichtungen, die ich nicht erfülle, fünf Mark in den Müllcontainer zu werfen.

....

Datum/Unterschrift

4. Hängen Sie den Vertrag irgendwo auf, wo Sie ihn täglich sehen. Badezimmerspiegel eignen sich gut. Ebenso die Armaturenbretter von Autos. Planen Sie eine feste Zeit ein, um zu überprüfen, ob Sie die einzelnen Vertragspunkte erfüllt haben. Dies ist sehr wichtig. Am besten legen Sie diesen Zeitpunkt auf den Tag genau eine Woche nach der Niederschrift des Vertrags.

5. Überprüfen Sie am Ende der Woche, wie Sie sich bewährt haben. Wenn Sie keine der Aufgaben in dem Vertrag erfüllt haben, dann werfen Sie, auch wenn Sie eine noch so gute Entschuldigung parat haben, die entsprechende Menge Geld in den Müllcontainer. Es mag eine Weile dauern, bis Sie Verträge schreiben, die für Sie genau richtig sind. Wiederholen Sie das Ganze für die folgende Woche. Schreiben Sie einen neuen Vertrag, in dem Sie berücksichtigen, was in der vorigen Woche funktionierte und was

nicht. Nach ein paar Wochen werden Sie entdecken, daß Sie in zwei oder drei Minuten außerordentlich hilfreiche Verträge aufsetzen können. Wenn Sie feststellen, daß Sie immer wieder Aufgaben, die Sie vertraglich festgehalten haben, nicht erfüllen, dann setzen Sie sich weniger oder einfachere Aufgaben. Wenn Sie dagegen feststellen, daß Sie immer alles erfüllen, setzen Sie sich ein paar schwierigere Aufgaben. Machen Sie das Ganze zu etwas Spielerischem, Vergnüglichem.

* * *

Jetzt werde ich Ihnen ein paar Beispiele erzählen, wie ich dank dieser Methode mehr Geld verdiente und wie sie die Qualität meines Lebens verbesserte. Als mir 1992 die Idee kam, für mein Buch *Bridges to Heaven* spirituelle Führer zu interviewen, fühlte ich mich von der Aufgabe zuerst überfordert. Ich wußte, daß es nicht einfach sein würde, mit Dutzenden von Prominenten Kontakt aufzunehmen, war ich doch von meiner florierenden therapeutischen Praxis ganz in Anspruch genommen. Aber ich wußte auch, daß mit der Fünf-Mark-Methode alles möglich ist. Ohne diesen Vertrag hätte ich mich einfach mit weniger wichtigen Dingen beschäftigt. Aber *mit* dem Vertrag war ich fähig, das Buch kontinuierlich wachsen zu lassen, indem ich jede Woche zwei Stunden lang daran arbeitete. Zwei Jahre nach Beginn des Projekts wurde das Buch veröffentlicht.

Im letzten Kapitel haben Sie Ideen entwickelt und sich Ziele gesetzt, die Ihnen wichtig sind. Denken Sie einmal darüber nach, wie schnell Sie sie Wirklichkeit werden lassen können, wenn Sie sich ihnen jede Woche ein kleines Stück nähern. Nach einer Weile wird die Fünf-Mark-Methode zu einem vergnüglichen Spiel, das Sie mit sich selbst spielen. Anstatt die Realisierung Ihrer Träume ständig vor sich herzuschieben, nähern Sie sich dank dieser Methode sofort ein Stück weit Ihrem Ziel. Diejenigen Menschen, die die Geduld haben, sich ihren Zielen langsam, aber sicher zu nähern, haben im Leben Erfolg.

In Kapitel 3 erzählte ich, wie meine Klientin Sarah sich das Ziel setzte, ihr Einkommen um 30 Prozent zu steigern und sich in ihrem Leben sicherer und geborgener zu fühlen. Zwar ist es wichtig, sich Ziele zu setzen, aber letztlich verdankte Sarah ihren Erfolg doch ihrer beharrlichen Aktivität. Häufig setzte sie einen oder zwei Punkte aus ihrer Brainstorming-Liste der möglichen kleinen Schritte in ihren wöchentlichen Vertrag. Nachdem sie Woche um Woche beständig Fortschritte gemacht hatte, erreichte sie ihr inneres Ziel in einem einzigen Monat – anstatt in fünf Monaten, wie sie gerechnet hatte. Was ihr Ziel, ihr Einkommen um 30 Prozent zu steigern, betraf, so führte ihre beharrliche Aktivität innerhalb von sechs Monaten zum Erfolg. Zudem spürte Sarah ein großes Selbstvertrauen und hatte ein wunderbares Erfolgserlebnis.

In meinen Seminaren über die Fünf-Mark-Methode werden mir immer wieder dieselben Fragen gestellt. Die häufigsten möchte ich im folgenden mit ihren jeweiligen Antworten anführen:

1. Warum nennt man dieses Vorgehen die Fünf-Mark-Methode?

Ich gehe davon aus, daß das Wegwerfen von Geld nicht eine Strafe ist, sondern eine »Spritze zur Stärkung des Verantwortungsgefühls«. Wenn Sie die einzelnen Punkte Ihres Vertrags erfüllen, stärken Sie Ihr Verantwortungsgefühl und gewinnen dadurch eine große persönliche Kraft.

Diese Methode soll Ihnen vor allem helfen, Ihre Träume zu verwirklichen – sie soll nicht dazu dienen, Ihnen Schuldgefühle einzuflößen. Es kann passieren, daß Menschen den Fünf-Mark-Prozeß nutzen, um über ihre wahren Wünsche hinwegzugehen. Damit bereiten sie sich im Leben unnötige Schwierigkeiten. Wenn auch Sie diese Erfahrung machen, dann bedeutet das, daß Sie die Methode nicht richtig einsetzen. Diese Methode hat zum Ziel, Ihnen bei der Verwirklichung Ihrer tiefsten Wünsche zu helfen. Indem Sie jede Woche kleine Aufgaben erfüllen, die Sie in Richtung Ihres Ziels führen, machen Sie beständig Fortschritte, ohne sich überfordert zu fühlen.

2. Ich habe schon jetzt zu viel zu tun. Wie kann ich da noch mehr Aufgaben übernehmen, ohne mich völlig überfordert zu fühlen?

Wenn Sie einen Vertrag aufsetzen, sind Sie gezwungen zu entscheiden, was in jeder Woche *das Wichtigste* ist. Typischerweise sind die Menschen ständig damit beschäftigt, eine Menge ziemlich trivialer Dinge zu erledigen. Nur wenig Zeit verbringen sie damit, auf das hinzuarbeiten, was wirklich *sinnvoll* ist. Die Fünf-Mark-Methode kann Ihnen die Stärke geben, die Sie brauchen, um sich den wirklich wichtigen Aufgaben zu widmen. Dabei bleiben manchmal einige relativ unwichtige Dinge unerledigt. Was diesem Prozeß unter anderem seine Kraft verleiht, ist die Tatsache, daß Sie bewußt Prioritäten setzen müssen. Sie gewinnen dadurch Kontrolle. Wenn Sie das Gefühl haben, ohnehin schon überlastet zu sein, dann haben Sie es sogar noch nötiger, in Ihrem Leben

Prioritäten zu setzen. Auch wenn Sie noch so viel zu tun haben – für das, was wirklich wichtig ist, haben Sie immer Zeit. Der Fünf-Mark-Prozeß wird Sie zwingen, zu entscheiden, was wichtig ist, so daß die Gewohnheiten, die Sie in der Vergangenheit entwickelt haben, Ihre Zukunft nicht mehr bestimmen.

3. Was soll ich tun, wenn ein Notfall eintritt und ich nicht imstande bin, die Vertragspunkte zu erfüllen?

Dies ist eine schwierige Frage. In der Vergangenheit habe ich den Teilnehmern meiner Seminare immer erzählt, sie sollten in diesem Fall ihren Vertrag einfach für jene Woche vergessen. Dann beobachtete ich ein interessantes Phänomen. Bei vielen trat jede Woche irgendein Notfall ein! Als ich fragte, was für ein Notfall es denn gewesen sei, bekam ich gelegentlich Entschuldigungen wie: »Meine Mutter hat angerufen und mich geärgert« oder: »Ich habe mir den Zeh gestoßen« zu hören. Ich bemerkte sogar, daß ich anfing, irgendwelche Rationalisierungen zu erfinden, um meine Verträge für ungültig zu erklären. Deshalb schlage ich jetzt vor, daß die Bedingungen, durch die ein Vertrag für ungültig erklärt werden kann, klar benannt werden. In meinem Fall schreibe ich folgendes unter meinen wöchentlichen Vertrag: Dieser Vertrag ist unter den folgenden Bedingungen ungültig:

• Ich bin länger als einen Tag so krank, daß ich nicht arbeiten kann.

• Ich muß zur Beerdigung eines Menschen gehen, den ich liebe.

• Ich habe eine Verletzung oder eine Krankheit, die einen Krankenhausaufenthalt nötig macht.

Wie Sie sehen, gebe ich mir nur wenig Raum für Gründe, die meinen Vertrag nichtig machen könnten. Ich schlage Ihnen vor, daß auch Sie ganz genau die Bedingungen festsetzen, unter denen Ihre Verträge ungültig werden. Schreiben Sie sie auf. Unterschätzen Sie nicht, wie erfindungsreich Ihr Verstand sein kann, um Sie davor zu bewahren, Geld wegwerfen zu müssen. Wenn Sie Ihren »Notfall« nicht zuvor klar definiert und schriftlich festgelegt haben, müssen Sie gegebenenfalls das Geld wegwerfen.

4. Kann ich das Geld nicht einer bedürftigen Person oder einer Wohltätigkeitsorganisation spenden, anstatt es wegzuwerfen?

Die Antwort ist einfach: NEIN. Ein Teil der Effektivität dieser Methode besteht darin, daß es sehr schmerzlich ist, Geld wegzuwerfen. Sie werden sich sehr anstrengen, um einen solchen verschwenderischen Akt zu vermeiden. Im letzten Jahr erlaubte ich, um des Experiments willen, einer Gruppe, mit der ich arbeitete, ihr Geld für wohltätige Zwecke zu spenden, anstatt es wegzuwerfen. Die Ergebnisse waren katastrophal. Die Wirkung des Fünf-Mark-Prozesses war um ungefähr 80 Prozent verwässert. Ich bitte Sie, mir zu glauben, daß dies die beste Vorgehensweise ist: Wenn Sie die Vertragspunkte nicht erfüllen, dann werfen Sie das Geld weg.

Wenn Sie sich einfach nicht dazu überwinden können, fünf Mark wegzuwerfen, dann ziehen Sie in Erwägung, sich für jeden nicht erfüllten Vertragspunkt wenigstens von einer Mark zu trennen. Einige Leute haben sogar erfolgreich Verträge zu nur 50 Pfennig aufgesetzt. Ich schlage vor, daß Sie mit fünf Mark für jede nicht erledigte Aufgabe beginnen, daß Sie sich jedoch die Möglichkeit einräumen, die Geldmenge zu erhöhen oder zu senken, wenn Sie das Gefühl haben, daß dies Ihrer Bedürfnislage besser entspricht. Wenn Sie sich dabei ertappen, daß Sie Entschuldigungen dafür suchen, warum Sie Ihren Vertrag nicht erfüllen können, dann setzen Sie sich entweder zu schwierige Vertragsbedingungen oder die Summe an Geld, das Sie wegwerfen, ist zu hoch für Sie. Wenn Sie andererseits keine Probleme haben, das Geld wegzuwerfen, dann sollten Sie versuchen, den Preis für jede gebrochene Vertragsklausel auf zehn Mark zu erhöhen.

5. Welche Punkte soll man vertraglich festhalten und welche nicht?

Wenn Sie üblicherweise fünf Verkaufsgespräche in der Woche führen, brauchen Sie das nicht in den Vertrag zu setzen. Sie tun es ja ohnehin. Aber wenn Sie etwas nicht tun, von dem Sie wissen, daß es Ihren Finanzen oder Ihrem Wohlbefinden guttun würde, wird Ihnen ein Vertrag von großem Nutzen sein. Verträge sind außerdem hilfreich, um große Ziele in kleine Teilziele aufzuspalten, die leicht in einer Woche bewältigt werden können.

Riesengroße Ziele gehören nicht in einen Vertrag; sie würden Sie bloß unnötig unter Druck setzen. Fragen Sie sich statt dessen: »Wie kann ich dieses Ziel in kleinere Schritte aufteilen?«

6. Warum dauert die Laufzeit der Verträge immer genau eine Woche? Warum nicht einen Tag oder einen Monat?

Die Erfahrung hat gezeigt, daß Verträge, deren Laufzeit genau eine Woche beträgt, am effektivsten sind. Wir neigen dazu, in Einheiten von einer Woche zu denken, aufgeteilt in fünf Arbeitstage und ein aus zwei Tagen bestehendes Wochenende. Wenn meine Seminarteilnehmer Verträge für einen längeren Zeitraum abschlossen, hatte das immer eine geringere Motivation und mehr gebrochene Vereinbarungen zur Folge. Wenn Sie hingegen Verträge für einen kürzeren Zeitraum abschließen, sind Sie wahrscheinlich mehr damit beschäftigt, Verträge zu schreiben als zu erfüllen.

7. Wie viele Punkte soll ich in den Vertrag hineinnehmen?

Ich schlage vor, daß Sie mit nicht mehr als zwei oder drei Aufgaben je Vertrag beginnen. Wenn Sie sich daran gewöhnt haben, halten Sie sich die Möglichkeit offen, nach und nach weitere Punkte hinzuzufügen. Ich selbst nehme gegenwärtig zwanzig Punkte in meinen wöchentlichen Vertrag hinein, aber schließlich habe ich schon mehr als fünf Jahre Übung. Es ist wichtig, daß Sie diesen Prozeß nicht dazu mißbrauchen, sich selbst zu überfordern. Achten Sie darauf, daß Sie zunächst einmal einen Erfolgsschub erzeugen. Wenn Sie einmal auf einer Erfolgsschiene sind, dann haben Sie auch die Kraft, allmählich zusätzliche (und/oder schwierigere) Aufgaben hinzuzufügen.

8. Manchmal vergesse ich, am Ende der Woche die Vertragspunkte abzuchecken. Was kann ich tun, um das zu verhindern?

Zunächst einmal ist es wichtig, sich vor Augen zu halten, daß dieses Problem ein Weg sein kann, um sich nicht auf diesen Prozeß einlassen zu müssen. Da diese Technik Ihr Leben dramatisch verändern kann, ist es nicht ungewöhnlich, daß sich irgendeine Form von innerem Widerstand entwickelt – zumindest zu Anfang. Aber wenn Sie diese Methode einmal etwa einen Monat lang angewandt haben, wird Ihr Unterbewußtsein wahrnehmen, daß sie Ihr Leben wirklich verbessert, und es wird ihr deshalb weniger Widerstand entgegensetzen.

Viele Leute haben entdeckt, daß es ihnen hilft, ihre Ziele beharrlich zu verfolgen, wenn sie ihre Verträge zu regelmäßigen Zeiten aufsetzen bzw. auswerten. Wenn Sie sich beispielsweise jeden Sonntagabend oder jeden Montagmorgen, bevor Sie zur Arbeit gehen, eine halbe Stunde Zeit dafür nehmen, ist die Wahrscheinlichkeit, daß Sie Ihren Vertrag vergessen, geringer.

Nach meinen Erfahrungen mit Tausenden von Menschen kann ich sagen, daß diese Methode am erfolgreichsten ist, wenn man sie zusammen mit einem Partner anwendet. Wenn man es im Alleingang versucht, unterläßt man es häufig doch, die entsprechende Menge Geld wegzuwerfen. Wenn man jedoch jemand anderem Rechenschaft ablegen muß, sieht die Sache schon anders aus. Partner zwingen einander, ehrlich zu sein. Sie können auch Ihren Partner bitten, Ihnen ein Feedback zu geben, ob Sie diese Methode richtig anwenden. Ihre Partnerin kann auch die »Richterin« spielen, wenn Sie nicht sicher sind, ob Sie die Bedingungen des Vertrags erfüllt haben. Ich habe die Fünf-Mark-Methode immer mit einem Partner angewandt. Dabei stellte ich fest, daß ich dadurch nicht nur stärker motiviert wurde, sondern daß dies auch die Freundschaft vertiefte.

Wenn ich mit meinem Partner zusammenkomme, um die Vertragspunkte abzuchecken, nimmt das nicht allzu viel Zeit in Anspruch. Manchmal tun wir das beim Frühstück und manchmal nur am Telefon. Er fragt mich: »Wie ist es diese Woche bei dir gelaufen?« In einer Woche, die normal verlief, sage ich vielleicht: »Ich habe einen Punkt nicht geschafft und das Geld bereits weggeworfen.« Dann frage ich ihn: »Und wie war es bei dir?« Nachdem er mir geantwortet hat, fragen wir einander beispielsweise, wo wir in der folgenden Woche unseren Schwerpunkt setzen wollen. Wenn möglich, geben wir einander eine Kopie des Vertrags für die nächste Woche, und dann wenden wir uns wieder unseren eigenen Angelegenheiten zu. Am Telefon dauert das Ganze nicht länger als zwei Minuten. Da wir geübt haben, zu unserer Verantwortung und zu unserem Wort zu stehen, ist es uns beiden in den letzten drei Jahren gelungen, unsere Einkommen drastisch zu steigern.

Um einen passenden Partner zu finden, sollten Sie sich überlegen, ob Sie Menschen kennen, die Ziele haben, die sie gerne erreichen würden. Dann geben Sie ihnen dieses Kapitel zu lesen, um herauszufinden, ob sie Lust hätten, diese Methode einmal auszuprobieren. Ich habe gesehen, wie sich erfolgreiche Partnerschaften zwischen Eltern und ihren Kindern entwickelten, zwischen Ehepartnern, Freunden und sogar völlig Fremden, die einander nach dem Zufallsprinzip in meinen Workshops zugewiesen wurden. Wenn es Ihnen gelingt, den ersten Monat durchzuhalten, dann werden Sie wahrscheinlich geradezu süchtig nach dieser Methode werden, da die Ergebnisse Sie restlos überzeugen.

Seelenkraft

In der Geschichte meines Heimatlandes, der USA, war Erfolg weitgehend von dem Ruf eines Menschen abhängig. Der Ruf eines Geschäfts oder eines Menschen basierte auf Verläßlichkeit, Ehrlichkeit und Vertrauen. Etwa während der letzten vierzig Jahre mag es den Anschein gehabt haben, als ob Verläßlichkeit nicht mehr in allzu hohem Ansehen stünde. Das ist jedoch ein Irrtum. Zwar überleben auch Menschen und Unternehmen, die nicht den Ruf haben, in jedem Fall ihr Versprechen zu halten, wahrhaft erfolgreich werden sie aber niemals sein. Verläßlichkeit drückt sich in Zahlen auf dem Bankkonto aus.

Zwar werden Verläßlichkeit und die Fähigkeit, Wort zu halten, im Geschäftsleben hoch geschätzt, aber die meisten Menschen kennen keinen systematischen Weg, diese Seelenkraft zu »trainieren«. Wenn wir nicht regelmäßig Sport treiben, wird unser Körper schlaff. Und wenn wir nicht üben, Wort zu halten (indem wir bestimmte Dinge versprechen und unsere Versprechen auch einhalten), neigen wir dazu, nachlässig zu werden. Der Fünf-Mark-Prozeß ist eine Methode zur Erreichung seiner Ziele und gleichzeitig zur Förderung des spirituellen Wachstums. Ich habe beobachtet, daß die Methode auf die meisten Menschen, die sie anwenden, eine starke Wirkung hat. Sie werden ehrlicher, fähiger und vertrauenswürdiger. Sie erzeugen Kraft sowohl in der Welt des Geistes als auch in der Welt der Materie.

Gedächtnisstützen: wahrer Reichtum

1. Ein wesentlicher Garant für sicheren Erfolg – ob nun im materiellen oder seelischen Bereich – ist Beständigkeit. Normalerweise neigen wir jedoch zur Nachlässigkeit, da wir vor allem kurzfristige Vergnügen und Freuden im Auge haben. Es ist deshalb sinnvoll, auf bestimmte Methoden zurückzugreifen, um sich zur Beständigkeit zu erziehen.

2. Setzen Sie einen Vertrag auf, in dem mehrere Aufgaben beschrieben werden, die Sie im Laufe einer Woche erfüllen wollen. Legen Sie in dem Vertrag fest, daß Sie für jede nicht erfüllte Aufgabe fünf Mark in den Müllcontainer werfen. Dadurch steigt Ihre Motivation, an Ihren wichtigsten Lebenszielen zu arbeiten.

3. Die Fünf-Mark-Methode hilft Ihnen, Ihre Versprechen zu halten und Ihr Verantwortungsgefühl zu stärken. Indem Sie jede Woche zusammen mit einem Partner einen Vertrag aufsetzen, bauen Sie systematisch eine innere Stärke auf, die Ihr spirituelles Wachstum und Ihren Erfolg fördert.

9. Kapitel

Ihren Traum vermarkten

»Der bei weitem höchste Preis,
den das Leben für uns bereithält,
ist die Chance, sich mit aller
Kraft einer Arbeit zu widmen,
die es wert ist, getan zu werden.«

THEODORE ROOSEVELT

Als ich im Jahre 1988 in meinem Lieferwagen meditierte, hatte ich die Eingebung, Milliarden von Menschen zusammenzubringen, damit sie gemeinsam für den Weltfrieden und den guten Willen aller Menschen beteten. Mein Plan sah folgendermaßen aus: Während der Eröffnungs- und Abschlußfeier der Olympischen Spiele schauen sich drei Milliarden Menschen (über die Hälfte aller Menschen auf der Erde) gleichzeitig die Fernsehübertragung an. Meine Idee war, daß ein Ansager die Zuschauer auffordern sollte, sich in einer Minute des Schweigens auf ihren Wunsch nach Frieden und Versöhnung zu konzentrieren. Nach dieser kurzen Meditation sollten die Menschen im Stadion und die Zuschauer zu Hause gemeinsam ein allen bekanntes Lied singen. Am Ende sollten Kinder aus allen Ländern der Welt sich im Stadion die Hände reichen und gemeinsam ein weiteres inspirierendes Lied singen.

Als mir während der Meditation diese Vision kam, war ich tief bewegt. Ich wußte, daß es ein extrem kraftvolles Erlebnis sein würde, wenn drei Milliarden Menschen gleichzeitig seelisch und gefühlsmäßig verbunden wären. Dann beendete ich meine Meditation und fühlte mich plötzlich wie vor den Kopf geschlagen. Ich war nichts weiter als ein junger Mann, der in einem Lieferwagen wohnte. Wie konnte *ich* die motivierende Kraft hinter einem so gewaltigen Ereignis sein?

Wenn wir von einem Traum oder einer Leidenschaft erfüllt sind, die uns inspiriert, kann Gott uns helfen, falls wir bereit sind, ein wenig Kleinarbeit zu leisten. Ich schrieb sofort einen Brief an den Präsidenten des Internationalen Olympischen Komitees und berichtete ihm von meiner Idee. Obwohl ich die falsche Adresse benutzt hatte, bekam ich bald eine persönliche Antwort. Er schrieb, er finde die Idee interessant und sie passe hervorragend zu den Prinzipien der olympischen Bewegung. Er wolle dem Gastland (Südkorea) die Idee nahelegen, denn dort habe man darüber zu entscheiden. Zu meiner Enttäuschung entschieden sich die Verantwortlichen dagegen.

Wenn ich ein Ziel habe, von dem ich im wesentlichen selbst profitiere, dann bin ich erfahrungsgemäß weniger erfindungsreich, als wenn ich einen Traum habe, der andere einschließt. Gott schien mich zu drängen, alles in meinen Möglichkeiten Stehende zu tun, um meinen Traum Wirklichkeit werden zu lassen. Ich ließ nicht locker. Nachdem die Koreaner sich geweigert hatten, mein Projekt, das ich mittlerweile *Hope Heard 'Round the World* nannte, durchzuführen, schrieb ich Briefe an das Olympische Komitee in Barcelona. Nachdem man zu Anfang von der Idee begeistert war, geriet sie auch dort wieder in Vergessenheit. Für die Olympischen Spiele des Jahres 1996 in Atlanta beschloß ich, mich mit allen Mitteln für meine Idee einzusetzen. Ich begann, sie systematisch zu vermarkten.

Einige sehr einflußreiche Personen fühlten sich inspiriert, mir ihre Hilfe anzubieten. Ein Mann, der Jimmy Carter kannte, bot mir an, ihm von der Idee zu erzählen. Eine Frau, die Hillary Clinton kannte, bot mir an, ihr davon zu erzählen. Es gelang mir sogar, mit einem Brief bis zu Ted Turner vorzudringen. Schon bald hatte ich ein ganzes Regiment von VIPs, die auf den einen Mann, der die Entscheidung über dieses Ereignis treffen würde, einwirkten. Als ich den Eröffnungszeremonien der Spiele in Atlanta zuschaute, wußte ich nicht, ob das Ereignis stattfinden würde oder nicht. Leider war das nicht der Fall. Ich war erneut enttäuscht, aber zugleich entschlossen, das Projekt bei den Olympischen Spielen des Jahres 2000 Wirklichkeit werden zu lassen.

Zwei Wochen später, als ich es nicht mehr erwartete, wurde mein Traum Wirklichkeit. Als ich den Abschlußfeierlichkeiten in Atlanta zuschaute, hörte ich zu meiner Überraschung, wie der Präsident des Olympischen Komitees, Mr. Samaranch, erklärte, daß es jetzt an der Zeit für einen Moment des Schweigens sei. Milliarden von Menschen nahmen daran teil, und nach dreißig Sekunden sang Stevie Wonder als Anführer aller Anwesenden und Zuschauer *Imagine* von John Lennon. Nach dem Lied kamen Kinder aus allen Ländern der Erde auf dem olympischen Rasen zusammen und sangen einen Song, der *The Power to Live the Dream* hieß. Im Stadion blieb kaum ein Auge trocken, und als ich mir das Ereignis im Fernsehen anschaute, fühlte ich, wie mich ein Strom von liebevoller Energie durchfloß.

Daß ich *Hope Heard 'Round the World* realisieren konnte, war für mich eine wertvolle Lektion. Zunächst einmal lernte ich, daß Menschen alles erreichen können, wenn sie ihr Ziel beharrlich verfolgen und die richtigen Personen um Hilfe bitten. Zudem erkannte ich, wie beglückend es ist, einen

Traum zu »vermarkten«, für den man sich leidenschaftlich engagiert. Wenn Menschen sich erboten, mir zu helfen, kamen mir häufig Tränen. Während ich an der Verwirklichung dieses Projektes arbeitete, fühlte ich, obwohl ich acht Jahre lang nur Enttäuschungen erlebte, wie Gottes liebevolle Hände mir Energie einflößten. Ich wurde mir bewußt, daß es etwas ganz anderes ist, ob man sich bemüht, etwas zu vermarkten, woran man von ganzem Herzen glaubt, oder ob man vor allem daran interessiert ist, etwas zu *verkaufen*.

Wenn Menschen die Wörter *Marketing* oder *Vermarkten* hören oder lesen, haben sie nur in den seltensten Fällen ein Gefühl freudiger Erregung. Wenn sie jedoch die Prinzipien dessen, was ich »verantwortungsvolles Marketing« nenne, verstehen, können sie ihre Träume wahr werden lassen – und auch noch Spaß dabei haben. Das erste Prinzip des verantwortungsvollen Marketing besteht darin, etwas zu vermarkten, woran man wirklich glaubt. Leidenschaftlich an etwas glauben kann man nur, wenn man weiß, daß das für die anderen von großem Nutzen sein wird. Je stärker dieses Wissen ist, desto leichter wird es einem fallen, sich wirklich leidenschaftlich für sein Produkt zu engagieren. Ich war fähig, das *Hope-Heard-'Round-he-World*-Projekt zu »verkaufen«, weil ich aus tiefstem Herzen daran glaubte, daß es den Menschen dienen würde. Ich konnte andere überzeugen, weil sie meine Begeisterung und meine uneigennützige Absicht spürten.

Wenn Sie Ihren Traum, Ihre Dienste oder Ihr Produkt vermarkten, müssen Sie wissen, daß das, was Sie »verkaufen«, für Ihre Kunden einen höheren Wert hat als das Geld, das sie dafür bezahlen müssen.

Wie aber finden Sie ein Anliegen oder ein Produkt, an das Sie wirklich glauben? Fangen Sie damit an, daß Sie danach

Ausschau halten. Folgen Sie jedem Hinweis auf eine Idee oder ein Produkt, von dem Sie denken, daß es wirklich vielen Menschen nützen würde. Einige der Hinweise, denen Sie nachgehen, werden ins Nichts führen, aber wenn Sie es häufig genug versuchen, werden Sie am Ende den Zauberteppich finden, nach dem Sie suchen. Vielleicht wäre es eine gute Idee, Gott die Frage zu stellen: »Wie kann ich die Talente, die mir geschenkt wurden, nutzen, um den Menschen zu dienen?« Die meisten der Ideen, für die ich mich leidenschaftlich engagierte, kamen mir, nachdem ich jene Frage gestellt hatte. Manchmal erhielt ich die Antwort nicht sofort. Wenn ich jedoch beharrlich weiterfragte, wurde ich immer mit einer klaren Antwort belohnt.

Ein zweites Prinzip des verantwortungsbewußten Marketing ist die Bereitschaft, herauszufinden, was andere wirklich wollen, und sich dafür einzusetzen, daß sie es erhalten. Obwohl ich die Geschäftsmaxime: »Finden Sie ein Bedürfnis, und erfüllen Sie es« seit langem kannte, konnte ich mich nie wirklich für sie erwärmen, bis mir bewußt wurde, daß dies nur eine andere Art ist zu sagen: »Diene den Menschen auf selbstlose Art.« Wenn Sie das Bedürfnis eines anderen Menschen erfüllen und dabei zugleich das tun können, was Sie leidenschaftlich gerne tun, wird Ihnen diese Kombination ein großes Kraftpotential verleihen. Da ich ein großer Anhänger der Meditation bin, nahm ich mir vor, ein Meditationstonband zusammenzustellen, das die Zuhörer wirklich begeistern würde. Um anderen Menschen mit meinem Produkt besser dienen zu können, befragte ich vorher Dutzende von Personen, warum sie nicht regelmäßig meditierten. Ich erfuhr, daß die meisten Menschen es deshalb nicht regelmäßig tun, weil sie meinen, keine Zeit zu haben, oder weil sie Meditieren langweilig finden. Deshalb entschloß ich mich, ein Tonband zu produzieren, das nicht allzu lang war und eine unmittelbare und tiefe Erfahrung vermittelte.

Nach einem Jahr, in dem ich verschiedene Methoden ausprobierte, produzierte ich schließlich *The Ten-Minute Pure Love Meditation Experience*. In den Seminaren, die ich leite, habe ich beobachtet, daß etwa 60 Prozent der Zuschauer zu Tränen gerührt sind, wenn sie sich dieses zehnminütige Tonband anhören. Heute ist es das Produkt, das ich am besten verkaufe! Wenn ich den Leuten darüber erzähle, bin ich voller Begeisterung. Ich habe nicht das Gefühl, ihnen etwas zu verkaufen, sondern ich spüre, daß ich ihnen Methoden und Erfahrungen vermittle, die Hunderte von Dollars wert sind – und dafür nur zehn Dollar verlange. In dieser Situation gewinnen beide Seiten. Ich fand heraus, was andere wollten, und ich gab es ihnen in einer Form und auf eine Art, die sie wertschätzen.

Ein drittes Prinzip des verantwortungsbewußten Marketing besteht darin, sich des Werts der Menschen bewußt zu sein. Was auch immer Ihre finanziellen, persönlichen oder spirituellen Träume sein mögen – sie werden unerfüllbar bleiben, wenn Sie andere Menschen nicht wirklich wertschätzen. Wenn Sie einen Laden besitzen, ist es Ihre Aufgabe, den Kunden durch den Kauf ein gutes Gefühl zu geben. Dabei können Sie ihnen das Gefühl geben, daß sie respektiert und geschätzt werden. Genau wie in engen persönlichen Beziehungen bewirken auch hier die sogenannten Kleinigkeiten einen großen Unterschied. Ein nettes Lächeln, ein freundliches Wort oder einfach der aufrichtige Wunsch, dem anderen zu helfen, können sehr viel dazu beitragen, daß Ihr Geschäft sich von anderen positiv unterscheidet.

Früher machte ich meine Kopien immer in einem Laden, der sich in der Nähe meiner Wohnung befand, aber die Einstellung der Angestellten gegenüber den Kunden ließ immer zu wünschen übrig. Eines Tages entschloß ich mich, einen anderen Kopierladen auszuprobieren, obwohl er ein wenig weiter entfernt lag. Der Besitzer begrüßte mich mit einem herzlichen Lächeln; ich hatte den Eindruck, daß er sich wirklich freute, mich zu sehen. Ich zeigte ihm, was ich kopiert haben wollte, und fragte ihn, wann ich es abholen könne. Zu meiner Überraschung sagte er: »Ich mache es sofort, es dauert nur ein paar Minuten.« Während er mein Material kopierte, unterhielt er sich mit mir und schien ehrlich an dem interessiert zu sein, was ich schrieb. Als ich für die Kopien bezahlte, fragte er mich, ob ich ein paar kostenlose Notizblöcke haben wolle. Tatsächlich konnte ich ein paar Notizblöcke gut gebrauchen, und er gab mir ungefähr ein Dutzend. Er fragte mich, ob ich einen Karton haben wolle oder ob er mir helfen solle, meine Sachen zum Auto zu tragen. Ich fühlte mich wie ein König. Der Mann gewann einen lebenslangen Kunden.

Im Geschäftsleben gibt es den schwer verständlichen englischen Begriff: *the marginal net worth per customer*. Im wesentlichen bezieht sich dieser Begriff auf die Menge Geld, die Ihnen ein einzelner Kunde einbringt. Um dies genau zu berechnen, müssen Sie auch das Geld dazurechnen, das Ihnen die Geschäftsbeziehungen einbringen, welche ein Kunde Ihnen durch seine Referenz vermittelt. Was meinen Kopierladen angeht, so habe ich einmal ausgerechnet, daß ich in diesem Geschäft ungefähr 1200 Dollar pro Jahr ausgebe, von denen ungefähr 1000 der Reingewinn des Besitzers sind. Das bedeutet, daß er im Laufe der letzten sieben Jahre ungefähr 7000 Dollar an mir verdient hat. Aber damit endet die Geschichte nicht. Ich habe mindestens 20 Leuten von diesem Kopierladen erzählt, und ungefähr die Hälfte von ihnen sind ebenfalls seine Stammkunden geworden. Wenn sie dort ebenso viel Geld ausgeben wie ich, bedeutet das, daß der Laden insgesamt 70 000 Dollar daran verdient hat, daß ich in den letzten sieben Jahren sein Kunde war! Das ist eine hübsche Belohnung für ein paar Minuten guten Service!

Wieviel sind *Ihnen* Ihre Kundinnen und Kunden wert? Den Nettowert jedes Ihrer Kunden zu berechnen kann eine Einsicht sein, die Ihnen die Augen öffnet. Sie kann Ihnen helfen zu erkennen, daß jeder zufriedene Kunde einen wesentlichen Einfluß auf Ihre finanzielle Situation hat. Aber die Kunden spüren, ob Sie nur höflich sind, um ein paar zusätzliche Mark zu verdienen, oder ob Sie sich engagieren, weil Menschen Ihnen wirklich wichtig sind. Es ist gut zu wissen, daß uneigennützige Motive dazu führen können, daß Sie bessere Geschäfte machen und mehr Geld verdienen.

Bei meiner Arbeit als Psychotherapeut habe ich zuerst ein wenig gezögert, den Menschen zu zeigen, wie wichtig sie mir sind. Ich dachte, sie könnten mich für leicht verrückt halten. In dem Maße jedoch, wie es mir gelang, meine Zurückhaltung zu überwinden, wurden die Beziehungen zu meinen Klienten intensiver, und ich wurde immer häufiger weiterempfohlen. In dieser Welt, wo wir einander oft sehr gleichgültig gegenüberstehen, machen die Menschen gerne Geschäfte mit Leuten, die sich persönlich engagieren. Und selbst wenn es Ihren Geschäftsbeziehungen nicht förderlich wäre, so macht ein persönliches Engagement die Arbeit doch sinnvoller und angenehmer.

Ein vierter Aspekt des verantwortungsbewußten Marketing ist die Kraft des persönlichen Engagements. Wenn Sie einen Traum haben, an den Sie wirklich glauben, müssen Sie auch bereit sein, ihn so lange zu verfolgen, bis er Wirklichkeit wird. Ich habe viele erfolgreiche Autoren und Unternehmer kennengelernt und dabei festgestellt, daß fast alle von ihnen eines gemeinsam haben: Sie stehen voll und ganz hinter dem Produkt, das sie vermarkten. Es hat fast den Anschein, als würden sie Ablehnung nicht akzeptieren. Dabei sind sie nicht penetrant – sie sind nur so sehr von dem, was sie tun, überzeugt, daß sie trotz der vielen Schwierigkeiten, mit denen sie unvermeidlich konfrontiert werden, nicht aufgeben.

Manchmal werde ich gefragt, wie ich es geschafft habe, 40 der bekanntesten spirituellen Führer der Welt für mein Buch *Bridges to Heaven* zu interviewen. Meine Antwort lautet, daß ich aus tiefstem Herzen an den Wert des Projekts glaubte und daß ich mich voll und ganz dafür einsetzte, es zu realisieren. Ich gab erst auf, wenn ich von jemandem ein definitives »Nein« erhielt. Bei einigen Leuten bedeutete das, daß ich ihnen mehr als 20 Briefe schickte. Nachdem ich dem Autor und spirituellen Guru Ram Dass mehrmals geschrieben und keine Antwort erhalten hatte, rief er mich schließlich an. Mit freundlicher Stimme sagte er: »Da ich so viele Anfragen für Interviews bekomme, habe ich beschlossen, keine mehr zu geben. Aber ich habe noch nie jemanden getroffen, der so hartnäckig ist wie Sie. Der einzige Grund, warum ich Sie anrufe, ist, daß ich herausfinden will, ob Sie in Gottes Auftrag handeln oder ob Sie völlig durchgeknallt sind.« Als ich ihn überzeugt hatte, daß das zweite nicht zutraf, entschied er, mir das Interview zu gewähren.

Sowohl im Geschäftsleben wie im Bereich des Spirituellen gibt es Hunderte von Geschichten über Menschen, die ein »Nein« nicht akzeptierten. Colonel Sanders, der in den USA die riesige Fast-Food-Kette *Kentucky Fried Chicken* aufbaute, nahm mit 1009 Restaurants Kontakt auf, um ihnen sein Hühnchenrezept zu verkaufen, bis er sein erstes »Ja« bekam. Der Zen-Meister Hui-ko wurde von seinem Lehrer, Bodhidharma, dem Begründer des Zen-Buddhismus, mehrfach

177

abgewiesen. In dem verzweifelten Bemühen, seinem Zen-Meister zu zeigen, daß er ein ernsthafter Schüler war, schlug sich Hui-ko schließlich den Arm ab und gab ihn Bodhidarma. Das war der Moment, in dem er endlich als Schüler angenommen wurde. Hoffentlich werden Sie Ihr Engagement nicht auf ebenso drastische Art beweisen müssen wie Hui-ko. Aber Gott weiß, wann wir uns wirklich dafür einsetzen, Menschen zu helfen – und wann wir es nicht tun. Ich glaube, daß Gott uns um so mehr helfen wird, je stärker wir uns engagieren.

Das letzte Prinzip des verantwortungsbewußten Marketing ist die Fähigkeit, die Intuition als Basis für wichtige geschäftliche Entscheidungen zu nutzen. Rationalität, Analyse und Kompetenz in einem bestimmten Fachbereich führen nur begrenzt zum Ziel. Auch nachdem Sie Berge von Informationen gesammelt haben, haben Börsenmakler in Wirklichkeit keine Ahnung, welche Aktien steigen oder fallen werden. Trotz der Tatsache, daß Sachkenntnis und Expertenwissen bei jeder geschäftlichen Unternehmung hilfreich sind, kann niemand mit vollständiger Sicherheit vorhersagen, was funktionieren wird und was nicht. Deshalb haben erfolgreiche Geschäftsleute keine Angst davor, ihre Intuition als Entscheidungshilfe zu nutzen. Sie wissen, daß Intuition, Ahnungen und unerklärliche Gefühle manchmal wichtiger sind als Marktforschung, Erfahrung oder rationale Analyse.

Vor einigen Jahren wurde eine Untersuchung durchgeführt, bei der zwei Gruppen von Führungspersönlichkeiten Tests zur außersinnlichen Wahrnehmung vorgelegt wurden. Die erste Gruppe arbeitete in Unternehmen, die außerordentlich erfolgreich waren und deren Führungskräfte deshalb einen sehr guten Ruf genossen. Die zweite Gruppe von Führungspersönlichkeiten arbeitete in Unternehmen, die in einer Krise waren. In ihrer Rolle als Führungskraft hatten sie Entscheidungen getroffen, die zu rückläufigen Umsätzen und Gewinnen führten. Als man diesen beiden Gruppen Tests zur außersinnlichen Wahrnehmung vorlegte, schnitten die erfolgreichen Führungskräfte um 500 Prozent besser ab als die weniger erfolgreichen. Die Urheber dieser Untersuchung zogen daraus die Schlußfolgerung, daß erfolgreiche Geschäftsleute übersinnliche Fähigkeiten nutzen, ohne sich dessen überhaupt bewußt zu sein.

Weiter oben (siehe Seite 115–121) habe ich erörtert, wie Sie Ihre intuitiven Fähigkeiten nutzen können. Aber der wichtigste Schritt besteht darin, sie zu üben. Wenn Sie mit wichtigen Geschäfts- oder Marketingentscheidungen konfrontiert sind, sollten Sie sich immer fragen: »Was ist jetzt meinem Gefühl nach die richtige Vorgehensweise?« Achten Sie darauf, wann sich Ihre Intuition am Ende als richtig erweist und wann als falsch. Im Laufe der Zeit werden Sie möglicherweise subtile Signale wahrnehmen, die Ihnen zeigen, in welchen Fällen es wichtig ist, auf die innere Stimme zu hören.

Vor ein paar Jahren trat ich in einer Fernseh-Talkshow auf, in der ich über mein Video über Beziehungen sprach. Während der Show durfte ich den Zuschauern die Telefonnummer nennen, über die man das Video bestellen konnte. Schließlich verkaufte ich Videos im Wert von mehr als 25 000 Dollar. Ungefähr neun Monate später fragte mich die Firma, die die Anrufe entgegengenommen hatte, ob ich die Nummer noch brauche. Sie zu behalten kostete mich 50 Dollar pro Monat, und seit der Talkshow hatte niemand mehr das Video über jene Telefonnummer bestellt. Ich beschloß, sie streichen zu lassen, obwohl mein Gefühl mir sagte, daß ich sie behalten solle. Mein Verstand hämmerte mir ein: »Es gibt keinen Grund, diese Nummer zu behalten. Das Geld solltest du lieber sparen.«

Ungefähr einen Monat später saß ich an einem Sonntagabend zu Hause und las ein Buch. Eine innere Stimme drängte mich, den Fernsehapparat anzuschalten. Normalerweise sehe ich nur sehr wenig fern, aber ich gab der Stimme nach. Als ich den Apparat einschaltete, sah ich mich in der Talkshow, an der ich zehn Monate vorher teilgenommen hatte! Ich geriet in Panik, als mir bewußt wurde, daß ich in ungefähr zehn Minuten einem riesigen Publikum eine gestrichene Telefonnummer nennen würde. Ich rannte zum Telefon und rief die Firma an, die vorher die Videobestellungen angenommen hatte. Ich fragte sie, ob sie meine alte Nummer *sofort* wieder anschließen könnten. Fünf Sekunden bevor ich die Nummer im Fernsehen ansagte, gelang es ihnen, sie wieder anzuschließen. An jenem Abend erhielt ich weitere Bestellungen im Wert von 25 000 Dollar. Ich verdiente eine Menge Geld, und, was noch wichtiger war, ich erfuhr, daß es sich auszahlen kann, auf seine Intuition zu hören.

In der Geschäftswelt sind wir ständig mit Entscheidungen konfrontiert. Welches Produkt sollen wir verkaufen, welche Anzeige schalten, welche Dienstleistung anbieten? Um im Geschäftsleben Erfolg zu haben, braucht man für jede Transaktion so viele Informationen wie möglich. Als spirituelle Wesen müssen wir aber sowohl die analytische als auch die intuitive Seite unserer Natur mit Respekt behandeln. Wenn wir rationale Informationen sammeln und auf unsere innere Stimme hören, können wir unsere Erfolgschancen verbessern. So entwickeln wir immer mehr Geschick bei der Anwendung der Prinzipien des verantwortungsbewußten Marketing, leisten eine Menge nützlicher, ehrenwerter Arbeit in der Welt – und haben erst noch Spaß dabei.

180

Gedächtnisstützen: wahrer Reichtum

1. Wenn Sie die fünf Prinzipien des »verantwortungsbewußten Marketing« verstehen, können Sie Ihre Träume Wirklichkeit werden lassen. Das erste Prinzip des verantwortungsbewußten Marketing besteht darin, etwas zu verkaufen, woran Sie wirklich glauben.

2. Das zweite, dritte und vierte Prinzip des verantwortungsbewußten Marketing lauten: (2) Finden Sie heraus, was andere wollen, und setzen Sie sich dafür ein, daß Sie es erhalten; (3) machen Sie sich den Wert bewußt, den Sie für jeden Kunden und für jeden Menschen haben, für den Sie arbeiten; und (4) erkennen Sie, welche Kraft in der Beharrlichkeit liegt.

3. Das entscheidende Prinzip für das Vermarkten Ihrer Träume lautet: Nutzen Sie Ihre Intuition in Zusammenarbeit mit Ihrem rationalen Verstand als Basis für wichtige Entscheidungen. Um das zu tun, gewöhnen Sie sich folgende Frage an: »Was soll ich meinem Gefühl nach in dieser Situation am besten tun?«

Teil III

Vom Lebensziel zur Seelenreise

10. Kapitel

Das »Abzweigen des Zehnten« und andere Experimente

> *»Geld ist wie ein Arm oder Bein –*
> *benutzen Sie es, sonst verlieren Sie es.«*
> HENRY FORD

In den letzten 100 Jahren hat die Wissenschaft unser Leben und Denken dramatisch verändert. Warum? Weil sie funktioniert. Mit Hilfe wissenschaftlicher Methoden haben wir wertvolle Einsichten in die Gesetze des Universums gewonnen, und wir haben jene Einsichten in große technologische Kompetenz verwandelt. Leider läßt sich das über unsere spirituelle Entwicklung nicht sagen. Anstatt auf das aufzubauen, was andere erkannt haben (so wie es die Wissenschaft getan hat), haben sich die Menschen im Bereich der Religion und der Spiritualität vor allem darüber gestritten, welche Herangehensweise an Gott richtig oder falsch sei. Man kann durchaus behaupten, daß in den letzten 5000 Jahren die »Wissenschaft« der Gotteserkenntnis im globalen Maßstab nicht weit vorangekommen ist. Es ist Zeit, daß wir dies ändern.

Die Wissenschaft hat rasche Fortschritte gemacht, weil sie sich bemüht, anhand von Experimenten bestimmte Prinzipien zu verifizieren oder zu verwerfen. Auf ähnliche Weise können Sie und ich bestimmte Dinge ausprobieren, um wertvolle Möglichkeiten kennenzulernen, wie wir den finanziellen und den spirituellen Aspekt unseres Lebens miteinander in Einklang bringen. In dem Kontext, um den es mir hier geht, ist ein »Experiment« etwas, was Sie für eine bestimmte Zeit ausprobieren, um zu sehen, welche Wirkung es auf Ihr spirituelles und/oder finanzielles Leben hat. Sie können beispielsweise versuchen, während eines vorher festgelegten Zeitraums 10 Prozent Ihres Einkommens für wohltätige Zwecke abzuzweigen. Wie bei jedem wissenschaftlichen Experiment werden Sie auch hier den größten Nutzen ziehen, wenn Sie die Ergebnisse Ihres neuen Verhaltens sorgfältig beobachten. Wenn Sie bemerken, daß Ihr Einkommen in dem Zeitraum, in welchem Sie jene 10 Prozent spenden, dramatisch steigt und daß Sie sich liebevoller und mit sich selbst besser in Einklang fühlen, dann haben Sie den Beweis dafür, daß diese Vorgehensweise für Sie »funktioniert«. Wenn sie dagegen bemerken, daß diese Vorgehensweise Ihre Geldsorgen vergrößert, dann sind Sie gut beraten, eine andere Möglichkeit auszuprobieren, wie Sie Ihren Mitmenschen Gutes tun können.

Experimente helfen den Menschen, neue Dinge zu lernen und Verhaltensweisen auszuprobieren, die sie sonst niemals wagen würden. Es ist sehr viel weniger beängstigend, nur einen einzigen Monat lang 10 Prozent seines Einkommens für wohltätige Zwecke abzuzweigen, als zu beschließen, dies für den Rest seines Lebens zu tun. Wenn allerdings ihr einmonatiger Versuch sich als erfolgversprechend erweist, ist es nicht sehr schwierig, sich langfristig zu verpflichten.

Die meisten Leute zögern, ihr Geld in das zu investieren, was ihnen wirklich am Herzen liegt. Sie spielen das Geldspiel gemäß den Regeln der Logik – anstatt gemäß spirituellen Prinzipien. Wenn wir aber bestimmte Geldexperimente nur für kurze, vorher festgelegte Zeiträume durchführen, können wir uns allmählich aus unserem Gefängnis der Logik und Rationalität befreien. Wenn unsere Tests »erfolgreich« sind – was bedeutet, daß sie zu mehr innerem Frieden, mehr Geld und/oder einem größeren Beitrag zum Wohl anderer führen –, dann entwickeln wir uns. Wenn unsere Bemühungen zu weniger Frieden, weniger Geld oder einem geringeren Beitrag zum Wohl anderer führen, dann lernen wir wertvolle Lektionen.

Um Ihr eigenes Experiment zu konzipieren, brauchen Sie kein teures Laboratorium. Alles, was Sie brauchen, ist der Wunsch zu lernen. Was auch immer Sie ausprobieren, Sie sollten es so lange tun, daß Sie wirklich erkennen, was Sie wissen möchten, und so kurz, daß es Ihnen keine Mühe macht, sich voll zu engagieren. Ein Beispiel: Mir kam vor ein paar Jahren nach einer inspirierenden Predigt plötzlich die Idee, Fremden eine Freude zu bereiten. Ich beschloß, während eines ganzen Monats ein Experiment durchzuführen und seine Wirkung auf mein Leben zu beobachten. Wenn ich nach diesem Monat, in dem ich zu Fremden freundlich sein wollte, in gehobener Stimmung sein würde, würde ich weitermachen. Wenn mein einmonatiger Versuch sich als unbefriedigend oder als Zeitvergeudung erweisen würde, hätte ich eine wertvolle Lektion gelernt.

Als erstes kaufte ich Eiskrem im Wert von 25 Dollar und ging mit einem Schild mit der Aufschrift »Eiskrem umsonst!« zum nahe gelegenen Strand. Ich plazierte meinen kleinen Tisch und mein Schild an einer Stelle, wo viele Menschen waren, und wappnete mich innerlich gegen den Ansturm von Strandbesuchern, die kostenloses Eis haben wollten. Aber meine Enttäuschung war zunächst groß. Zwar warfen mir viele Menschen neugierige Blicke zu, aber ganze 15 Minuten lang kam niemand an meinen Stand. Mein Eis

187

begann schon zu schmelzen, als ein kleines sechsjähriges Mädchen zu mir kam und mich schüchtern fragte: »Wieviel kostet denn das Eis, das umsonst ist?« Wenn sie mir ein Lächeln schenke, so sagte ich ihr, würde ich ihr umsonst eine doppelte Portion geben. Sie kreischte vor Vergnügen. Nachdem die argwöhnische Eltern festgestellt hatten, daß das kleine Mädchen nicht an Lebensmittelvergiftung starb, setzte ein Pilgerzug zu meinem heiligen Eiskremstand ein.

Während mir von großäugigen Kindern ein Lächeln nach dem anderen geschenkt wurde, begannen mich viele mißtrauische Eltern zu fragen, warum ich Eiskrem verschenkte. Ich sagte ihnen: »Ich mache gerne Leuten eine Freude, und es gibt mir ein gutes Gefühl.« Das schien ihr Mißtrauen zu zerstreuen. Während ich Eiskrem für die Kinder austeilte, fragten mich mehrere Väter und Mütter, womit ich mir meinen Lebensunterhalt verdiene. Als ich ihnen sagte, ich sei Psychotherapeut, baten mich vier von ihnen um meine Geschäftskarte. Da ich an den Strand gekommen war, um Eiskrem zu verschenken, hatte ich meine Karte nicht dabei, aber ich sagte ihnen, meine Nummer stehe im Telefonbuch. Am Ende riefen mich drei der Leute an, die ich an jenem Tag kennengelernt hatte, um mit mir einen Termin auszumachen. Einige Monate später rechnete ich alles Geld zusammen, das ich durch die neuen Kontakte verdient hatte, und kam auf über 1000 Dollar. Nicht schlecht!

Nachdem ich einen Monat lang auf verschiedene Weise Menschen eine Freude gemacht hatte, spürte ich, daß ich mich in meiner Haut wohler fühlte und daß ich stärker mit Gott verbunden war. Dadurch, daß ich die Menschen mit mehr Freundlichkeit und Respekt behandelte, ergaben sich auch einige geschäftliche Kontakte, die sich wiederum auf mein Einkommen auswirkten. Deshalb beschloß ich,

Freundlichkeit gegenüber Fremden zu einer Lebenseinstellung zu machen. Da ich während meiner ersten »Freundlichkeitsexperimente« regelmäßig Eintragungen in mein Tagebuch gemacht hatte, hatte ich den Beweis, daß es mir (ebenso wie anderen) guttat, auf diese Weise zu handeln. Das inspirierte mich dazu, über die Möglichkeit nachzudenken, 10 Prozent meines Einkommens für wohltätige Zwecke abzuzweigen. Zwar hatte ich in der Bibel gelesen, daß das Weggeben des »Zehnten« sehr viel Gutes bewirken kann, aber ich war immer zu geizig gewesen, um es auszuprobieren. Der Erfolg meines Freundlichkeitsexperiments deutete jedoch darauf hin, daß ich fähig sei, eine Möglichkeit zu finden, mit der ich mich nicht überforderte.

Ein neuer Weg, »den Zehnten zu bezahlen«

Traditionell bedeutete das Bezahlen des Zehnten, daß man 10 Prozent seines Einkommens einer religiösen Organisation (etwa einer Kirchen- oder Synagogengemeinde) gab. Als ich meine Freunde und die Mitglieder meiner Familie darüber befragte, kam heraus, daß praktisch keiner 10 Prozent seines Einkommens an die religiöse Organisation spendete, der er angehörte. Und ich selbst tat es auch nicht. Als ich versuchte zu verstehen, warum dies der Fall war, erkannte ich, daß verschiedene Faktoren mich und meine Freunde am Bezahlen des Zehnten hinderten. Zunächst einmal waren wir geizig. 10 Prozent ist eine Menge Geld, und die meisten von uns hatten das Gefühl, sie könnten es sich nicht leisten, 10 Prozent ihres Einkommens wegzugeben. Zweitens konnten wir nicht sehen, wie sich das Weggeben von 10 Prozent unseres Einkommens für uns lohnen würde. Und schließlich glaubten viele meiner Freunde nicht, daß ihre Kirche oder Synagoge 10 Prozent brauchte oder verdiente – vor allem, da es so viele andere Anliegen gab, die es mindestens ebenso wert waren, unterstützt zu werden.

Mit dieser Information im Hinterkopf beschloß ich, nach einer neuen Möglichkeit Ausschau zu halten, den Zehnten zu bezahlen. Sie sollte den Menschen helfen, Gutes zu tun – ohne daß sie sich deshalb allzu große Sorgen zu machen brauchten. Nachdem ich verschiedene Methoden ausprobiert hatte, entdeckte ich ein Schema, das recht gut funktionierte. Ich beschloß, daß 10 Prozent des Geldes, das ich verdiene, nicht mir persönlich gehören, sondern vielmehr »Gottes Geld« sein soll. Ich habe für dieses Geld ein getrenntes Konto angelegt, und 10 Prozent von allem, was ich verdiene, geht auf dieses Konto. Einmal im Monat nehme ich mir ein wenig Zeit und bitte Gott um Führung, an wen oder wohin dieses Geld gehen soll. Häufig habe ich dazu eine klare intuitive Einsicht. Da dieses Geld auf einem anderen Konto liegt und nicht wirklich »meins« ist, ist es leicht, es nicht als meines zu betrachten und einfach darauf zu hören, was ich damit tun soll. Wenn ich keine klare Botschaft erhalte, lasse ich das Geld einfach bis zum nächsten Mal, wenn ich um Führung bitte, auf dem Konto liegen.

Da es letztlich Gottes Wunsch ist, daß ich mehr Frieden und Liebe erfahre, bitte ich ihn gelegentlich, zu meinen eigenen Gunsten auf »sein« Konto zurückzugreifen zu dürfen. Beispielsweise hatte ich kürzlich mehrere Klienten, die mich nicht bezahlten, und fühlte mich verärgert und verletzt. In einem Augenblick stiller Meditation fragte ich, ob es in Ordnung sei, das Geld, das man mir schuldete, von meinem »Zehnten-Konto« abzuheben. Die Antwort war ja. Das half mir, wieder meinen inneren Frieden zu finden. Ich vermochte den Ärger über meine nicht bezahlenden Klienten rasch loszulassen. Zuvor hatte ich mich über Klienten, die ihre Rechnungen nicht bezahlten, immer geärgert. Jetzt dagegen nehme ich mir das Recht zu fragen, ob ich mir selbst gegenüber großzügig sein kann, wenn man mir Unrecht getan hat, und meistens erhalte ich die Botschaft, daß es in Ordnung sei.

Zwar scheint diese »Lässigkeit« im Umgang mit dem Zehnten-Konto nicht völlig von lauteren Motiven getragen zu sein, aber sie hilft mir, anderen zu geben, ohne Ängste vor dem Verlust von Geld zu entwickeln. Da ich jetzt weiß, daß 10 Prozent des Geldes, das ich verdiene, nicht mir gehören, fällt es mir leicht, Mittel für wertvolle Menschen und Anliegen beiseite zu legen. Meine »Lässigkeit« hat mir zu einer größeren Freiheit verholfen. Sie hat mich auch inspiriert, großzügiger zu sein. Einmal im Monat oder immer dann, wenn ich bemerke, daß ich mehrere hundert Dollar auf meinem Zehnten-Konto habe, frage ich mich: »Wie kann ich dieses Geld benutzen, um mehr Freude und Heil in die Welt zu bringen?« Ich erhalte auf meine Frage jedesmal eine andere Antwort. Manchmal habe ich den Wunsch, einem bedürftigen Freund Geld zu geben – oder einfach jemandem ein Geschenk zu machen. Manchmal fülle ich einen Scheck für eine Wohltätigkeitsorganisation aus, die wichtige Arbeit leistet. Da das Geld nicht von »meinem« Konto abgeht, kann ich es mit dem Gefühl weggeben, anderen Menschen damit wirklich zu »dienen«. Wenn Sie den Eindruck haben, diese Form, den Zehnten zu bezahlen, könne für Sie funktionieren, schlage ich Ihnen vor, es einmal auszuprobieren und zu überprüfen, wie das für Sie ist.

Das Kostenplan-Experiment

Mich an einen Kostenplan halten zu müssen war für mich immer eine verhaßte Vorstellung. Als ich mir jedoch bewußt wurde, wieviel ich jeden Monat für Restaurantbesuche ausgab, beschloß ich, ein einmonatiges Experiment durchzuführen: Ich wollte nicht mehr als 100 Dollar für Essen in Restaurants ausgeben. Da ich zu der Zeit dafür etwa 200 Dollar pro Monat ausgab, war ich durch mein Experiment gefordert, kreativ zu werden. Für mich ist ein Experiment ein Spiel, das ich mit mir selbst spiele. Da ich nicht gerne koche, mußte ich nach kreativen Möglichkeiten Ausschau halten, Geld zu sparen – ohne die ganze Zeit am häuslichen Herd stehen zu müssen. Zuerst rief ich einige Freunde an, um sie zu fragen, ob sie mich zum Abendessen einladen würden. Sie sagten, sie würden es mit Vergnügen tun. Als nächstes bat ich meine Partnerin, häufiger für mich zu kochen; dafür versprach ich ihr, sie häufiger zu massieren. Drittens lernte ich, ein neues Gericht zuzubereiten, das unkompliziert war und nicht viel kostete. Und schließlich ließ ich ein paarmal im Monat das Abendessen ausfallen, um Zeit und Geld zu sparen.

Die Ergebnisse meines einmonatigen Kostenplan-Experiments waren unglaublich positiv. Ich nahm vier Pfund ab, sparte über 120 Dollar und baute eine engere Beziehung zu meiner Partnerin und mehreren Freunden auf. Seitdem habe ich mich nicht mehr an einen Kostenplan für Restaurantbesuche gehalten, aber da ich mir jetzt darüber klar bin, daß ich verschiedene Optionen habe, verbrauche ich letztlich weniger Geld als zuvor. Ich gehe nicht mehr automatisch in ein Restaurant, wenn ich hungrig bin. Manchmal koche ich eines der neuen Gerichte, die zuzubereiten ich gelernt habe, und manchmal bitte ich meine Partnerin oder einen Freund, für mich zu kochen. Sein eigenes Kostenplan-Experiment durchzuführen kann eine lustige und wirkungsvolle Möglichkeit sein, neue Verhaltensweisen auszuprobieren und versteckte Möglichkeiten zu entdecken, um Geld zu sparen.

Experimente, um die ständige Sorge zu überwinden

Machen Sie sich grundlos Sorgen über Geld und Arbeit? Viele Menschen tun das. Obwohl das Grübeln über Geldprobleme so weit verbreitet ist, haben nur wenige Menschen sich gefragt, wie man diese sinnlose Energieverschwendung abstellen kann. Im Neuen Testament sagte Jesus seinen Schülern: »Und quält eure Herzen nicht mit dem, was ihr essen oder trinken werdet; macht euch keine Sorgen darüber. Denn die Welt der Heiden trachtet nach solchen Dingen, und euer Vater weiß, daß ihr sie braucht. Aber trachtet nach seinem Königreich, und diese Dinge werden euch ebenfalls gegeben werden.« Leichter gesagt als getan. Leider hat Jesus keine genauen Anweisungen gegeben, *wie* wir diese überflüssige Sorge abstellen können. Den Teil der Formel müssen wir selbst herausfinden.

Übungen können uns helfen, uns über Geld und Arbeit weniger Sorgen zu machen. Ich habe mehrere solcher Übungen durchgeführt, und einige davon waren besonders effektiv. Mit der ersten Übung lernte ich, von »nichts« zu leben. Ich nahm mir vor, acht Wochen lang auszuprobieren, ob ich gänzlich ohne Geld leben könnte. Da ich in einer Familie der oberen Mittelschicht aufgewachsen war, war immer ausreichend Geld vorhanden gewesen. Dennoch hatte ich häufig

Angst, daß eines Tages mein »Sicherheitsnetz« reißen und ich mittellos dastehen würde. Ich vermutete, der beste Weg, sich von Angst zu befreien, bestehe darin, sie zu akzeptieren und durch sie hindurchzugehen. Deshalb beschloß ich, ohne Geld durch die Vereinigten Staaten zu reisen. Ich packte einen Rucksack und machte mich auf, mit nur einem Vierteldollar in der Tasche per Anhalter durch das Land zu reisen. Für den Notfall hatte ich eine Visa-Card bei mir.

Wenn ich diese Geschichte in meinen *Real-Wealth*-Seminaren erzähle, sind die Leute immer erstaunt, daß ich überhaupt überleben konnte. Tatsächlich war es ziemlich einfach. Ich ging einfach in ein Dorf, klopfte an einige Türen und erklärte den Leuten, was ich machte. Nicht weniger als neun von zehn Menschen, die ich um Hilfe bat, erlaubten mir, in ihrem Garten oder ihrem Haus zu schlafen, und gaben mir kostenlos Essen. Einige Menschen boten mir mehrere Mahlzeiten an und gaben mir sogar Geld. Es war eine wunderbare Zeit. Ich erkannte, daß ich auch ohne Geld gut zurechtkommen konnte; vor allem aber stellte dieses Experiment meinen Glauben an die Menschheit wieder her. Mag sein, daß Sie diesen Versuch aus irgendwelchen Gründen nicht durchführen können, aber es ist schön zu wissen, daß es möglich ist, mit Hilfe der Großzügigkeit anderer Menschen zu überleben. Die Übung half mir zu erkennen, daß ich mir um mein Überleben niemals Sorgen zu machen brauchte.

Obwohl ich mir keine Sorgen mehr über das Überleben in der materiellen Welt mache, habe ich gelegentlich im Zusammenhang mit Geldangelegenheiten noch immer ein ungutes Gefühl. Um diese vage Unruhe zu überwinden, habe ich viele Methoden ausprobiert. Was für mich funktioniert, funktioniert möglicherweise nicht für Sie, deshalb ermutige ich Sie, Ihr eigenes Experiment zu wagen. Aber durch die

Beschreibung meiner Erfahrungen werden Sie wenigstens ein paar Ideen bekommen, die es wert sind, in Betrachtung gezogen zu werden.

Zunächst einmal: Wenn ich mich nicht konzentrieren kann, weil mir Geldangelegenheiten durch den Kopf gehen, sage ich mir, daß ich am *Sonntag* darüber nachdenken werde. Dies zu sagen hilft mir, meine Geldprobleme in der Gegenwart loszulassen. Gleichzeitig verleiht es mir die Sicherheit, daß ich mich in wenigen Tagen, eben am Sonntag, um die fraglichen Angelegenheiten kümmern kann.

Warum Sonntag? Für mich ist der Sonntagnachmittag eine gute Zeit, um nachzudenken. Von genau 15.00 bis 15.30 Uhr erlaube ich mir, mir so viele Sorgen über meine finanziellen Angelegenheiten zu machen, wie es mir gefällt. Gelegentlich habe ich tatsächlich etwas, über das ich nachdenken muß – dann ist es gut, wenn ich eine bestimmte Zeit festsetze, um die Sache von allen Seiten zu betrachten. Natürlich kann ich mich häufig nicht mehr an das erinnern, worüber ich mir in der vergangenen Woche Sorgen machte. In dem Fall war die Angelegenheit, so denke ich, vermutlich nicht sehr wichtig – deshalb lasse ich meine Sorgen einfach los. Wenn ich das, was mich bedrückt, bis Sonntag aufschiebe, kann ich mir eine Menge unnötiger Gedanken ersparen. Es hat wirklich großartig funktioniert.

Wenn Sie sich einmal für die Idee erwärmt haben, Experimente durchzuführen, wird es Ihnen leichter fallen, finanzielle Ratschläge in die Tat umzusetzen, die zu befolgen Sie vorher zu träge waren. Beispielsweise war ich immer zu faul, auch nur daran zu denken, einen Kostenplan aufzustellen. Aber ich war immerhin bereit, ein einmonatiges Kostenplan-Experiment durchzuführen. Wenn Sie einmal festgestellt haben, daß eine bestimmte Vorgehensweise erfolgreich ist, dann ist es nicht so schwer, sie auch in Zukunft beizubehalten. Dennoch werden einige Dinge wahrscheinlich nicht funktionieren. Weil die Menschen verschieden sind, ist es sinnvoll, daß jeder mit seinen Finanzen auf *seine* Art umgeht. Zwar sind die meisten Finanzexperten davon überzeugt, daß es vorteilhaft ist, 10 Prozent seines Einkommens für wohltätige Zwecke abzuzweigen, einen Kostenplan aufzustellen und sich selbst zuerst zu bezahlen, aber wenn es für Sie nicht funktioniert, funktioniert es eben nicht. Was mich betrifft, so habe ich sehr oft gelesen, wie viele Vorteile es habe, sein Geld zu investieren, aber für mich hat es nie funktioniert. Deshalb tue ich es nicht und habe andere Möglichkeiten ausprobiert. Aber bei Ihnen kann es sehr gut funktionieren. Warum versuchen Sie es nicht – als ein Experiment?

Experimente in Unternehmen

Wenn Sie der Besitzer eines Geschäfts oder eines Unternehmens sind oder in der Firma, für die Sie arbeiten, einen gewissen Einfluß haben, können Sie ein paar Experimente vorschlagen, von denen möglicherweise viele Menschen profitieren. Die Geschäftswelt braucht furchtlose Führer, die bereit sind, spirituelle Prinzipien auch auf die Bilanz anzuwenden. Unternehmen wie *Ben and Jerry's ice cream* oder Anita Rodick's *Body Shops* haben gezeigt, daß Gutes zu tun die Bilanz verbessern kann. Und sogar Präsidenten von großen Unternehmen haben mittlerweile erkannt, daß mehr zum Leben gehört, als nur Profit zu machen. Firmen, denen kurzfristige Gewinne wichtiger sind als die Fürsorge für ihre Angestellten, müssen dafür am Ende fast immer teuer bezahlen. Als einflußreiche Persönlichkeit sind Sie möglicherweise

196

in der Lage, die kurzsichtige Unternehmenskultur zu beeinflussen, die zur Zeit im Geschäftsleben vorherrscht.

Es gibt viele Möglichkeiten, einem Geschäft oder einer Firma zu einer größeren spirituellen Ausgeglichenheit zu verhelfen. Zum einen können Sie sich für eine Atmosphäre von Offenheit und gegenseitigem Respekt einsetzen. In vielen Firmen herrscht eine »Wir-gegen-den-Rest-der-Welt-Mentalität«. Auf der anderen Seite weht in Firmen, die »spirituell stärker« sind, ein Geist von: »Wir sitzen alle in einem Boot.« Eine Firma, in der Freundlichkeit und Offenheit vorherrschen und in der man sich auf gemeinsame Ziele geeinigt hat, hat sehr viel größere Chancen, langfristig zu überleben – im Gegensatz zu den nervenaufreibenden Streßfabriken.

Wenn Sie in einer Machtposition sind, können Sie sogar versuchen, ein »Paper zur Mission der Firma« zu entwerfen, oder eine Wohltätigkeitsorganisation auswählen, der Sie einen bestimmten Prozentsatz Ihrer Profite zuwenden. Bei meiner Arbeit mit Unternehmen und Führungspersönlichkeiten habe ich beobachtet, daß klar definierte Ziele und eine Atmosphäre, die Kreativität und Zusammenarbeit fördert, unbezahlbar sind. Wenn Angestellte das Gefühl haben, daß sie ihren Vorgesetzten und Mitarbeitern wichtig sind, steigt ihre Produktivität, und die Häufigkeit ihrer Krankmeldungen sinkt. Mittlerweile entdecken immer mehr Unternehmen, daß die Managementmethoden der vergangenen Dekaden im heutigen Geschäftsklima nicht so gut funktionieren. Die Führungskräfte und die Firmeninhaber, die bereit sind, die Dinge auf »menschlichere« Weise zu tun, werden wahrscheinlich weniger unter Streß leiden und zu größerem Reichtum gelangen.

Gedächtnisstützen: wahrer Reichtum

1. Mit einer »Geldübung« probieren Sie während eines bestimmten Zeitraums neue Verhaltensweisen aus und lernen Neues. Beispielsweise können Sie versuchen, für eine bestimmte Zeit 10 Prozent Ihres Einkommens für einen guten Zweck abzuzweigen und dann zu überprüfen, welche Wirkung das auf Ihr spirituelles und/oder finanzielles Leben hat. Wenn Ihr Experiment Ihnen zu größerem Frieden, zu mehr Geld und zu dem Gefühl verhilft, daß Sie Ihren Mitmenschen mehr Gutes tun können, dann wäre es eine gute Idee, auf dieselbe Weise weiterzumachen.

2. Um herauszufinden, welche Art des Umgangs mit Geld und Arbeit für Sie die beste ist, können Sie verschiedene Kostenplan- und Investitionsexperimente und Übungen zum Loslassen Ihrer Sorgen durchführen. Wenn Sie aufmerksam beobachten, zu welchen Ergebnissen Ihr Experiment führt, können Sie sehr schnell weiser und kompetenter im Umgang mit Geld werden.

3. Wenn Sie der Besitzer eines Unternehmens sind, können Sie Experimente durchführen, die möglicherweise vielen Leuten nützen. Eine Atmosphäre der Offenheit zu schaffen, ein »Paper zur Mission der Firma« zu formulieren oder einen bestimmten Prozentsatz des Firmenprofits wohltätigen Organisationen zu spenden sind allesamt wertvolle Versuche, sich auch bei der Führung eines Unternehmens von spirituellen Prinzipien leiten zu lassen.

11. Kapitel

Arbeit und Gott im Gleichgewicht

> »Leichter geht ein Kamel durch ein
> Nadelöhr, als daß ein Reicher in
> das Himmelreich Gottes kommt.«
>
> JESUS VON NAZARETH

Das obige Zitat wird einen Menschen wahrscheinlich nicht
motivieren, nach Reichtum zu streben. Jesu Worte erinnern
uns sehr eindringlich daran, daß es recht anstrengend ist, die
Bereiche Geld, Arbeit und Gott in ein Gleichgewicht zu bringen. Als Jesu Jünger ihn diese Worte sagen hörten, fragten sie:
»Und wer kann gerettet werden?« Jesus soll sie daraufhin angeschaut und gesagt haben: »Bei den Menschen ist dies unmöglich, aber bei Gott sind alle Dinge möglich.« Tatsächlich
sind mit Gottes Hilfe alle Dinge möglich, aber es ist gewiß
richtig, wenn wir uns bemühen, Gott zu helfen, wenn er uns
hilft. In diesem Kapitel werden wir ein paar Gedanken und
Methoden betrachten, Geld, Arbeit und Gott besser in ein
Gleichgewicht zu bringen.

In Kapitel 2 ging es um finanzielle Fallen, in die Menschen
hineingeraten und die ihre spirituelle Verbundenheit beeinträchtigen können. Diesen fünf »niederen« Möglichkeiten,
Geld zu nutzen, habe ich »höhere« Möglichkeiten des Umgangs mit Geld entgegengestellt. An dieser Stelle will ich
näher ausführen, wie Erfolg in der Karriere die Spiritualität

eines Menschen beeinträchtigen kann, und mich dann den Möglichkeiten zuwenden, diese Fallen zu umgehen.

Für Anfänger ist eine der größten »Erfolgsfallen« der Wunsch, immer mehr Macht zu gewinnen. Fast alle Führungskräfte, mit denen ich gearbeitet habe, sagten mir, daß Macht wie eine süchtigmachende Droge sei. Die Menschen sehnen sich nach ihr, wenn sie in ihrer Reichweite ist, und leiden unter Entzugserscheinungen, wenn sie sie verlieren. Und, was die Sache noch schlimmer macht: Sie verbirgt häufig ihre wahre Identität, indem sie sich in das Mäntelchen der Wohltätigkeit hüllt. Wenn man einmal eine hohe Position erreicht hat, ist die Versuchung, Macht auszuüben (sei es nun zum »Guten« oder zum »Schlechten«), enorm groß. Ich habe viele Klienten gehabt, die ihre Macht nutzten, um anderen zu helfen, und mit Erfolg wertvolle Anliegen verwirklichten. Aber für ihre Bemühungen mußten sie häufig mit ihrer eigenen Gesundheit, ihren Beziehungen und ihrem spirituellen Seelenfrieden bezahlen.

Die Frage, die wir uns stellen müssen, lautet: »Wie können wir die Macht, die uns zuteil wird, in einer Weise nutzen, die sowohl uns als auch anderen dient?« Wenn wir allzu sehr auf unsere eigenen Ziele fixiert sind, werden wir selbstsüchtig und gierig. Wenn wir es uns zur Aufgabe machen, anderen »selbstlos« zu dienen, sind wir am Ende möglicherweise völlig erschöpft. Ich glaube, je mehr Einfluß wir haben, desto mehr müssen wir auf Gottes Führung achten, um wahrzunehmen, wie wir jene Machtposition am besten nutzen. Die Macht bringt die Gefahr mit sich, daß wir uns sehr rasch von uns selbst entfernen, weil wir uns für die Kraft halten, die Dinge in Bewegung setzt. Spiritualität bedeutet hingegen, daß man sich dem Willen Gottes unterwirft.

Ich habe versucht, einen »Heiß-und-kalt-Detektor« zu

entwickeln, der mich informiert, wann ich Macht richtig nutze – und wann nicht. Wenn ich mich gestreßt, erschöpft und reizbar fühle, merke ich, daß ich »kühler« werde – selbst wenn ich viel leiste. Wenn ich mich beim Ausüben von Macht liebevoll, fröhlich und demütig fühle, spüre ich, daß ich »wärmer« werde. Im Laufe der Zeit habe ich bemerkt, daß bestimmte Situationen fast immer bewirken, daß ich »mich selbst verliere« – das heißt, daß ich vom Wunsch ergriffen werde, *meinen* Willen durchzusetzen. Jedoch gibt es auch Situationen, in denen ich wichtige Entscheidungen durchsetze und mich zugleich liebevoll und demütig fühle. Ich glaube, daß ein guter »Heiß-und-kalt-Detektor« – im wesentlichen ist er nichts anderes als Ehrlichkeit gegenüber sich selbst – die Menschen daran hindern kann, sich völlig an die Macht zu verlieren. Trotzdem müssen Sie sich der Gefahr bewußt und ständig auf der Hut sein. Der Wunsch nach Macht kann leicht die Oberhand über Ihre höheren Instinkte gewinnen.

Eng verwandt mit dem Wunsch nach Macht ist die Gefahr, sich im Rausch des Erfolgs von sich selbst zu entfernen. Wie ein Schneeball, der mit wachsender Geschwindigkeit einen Hügel herunterrollt, kann ein »Erfolgsrausch« ihre spirituellen Bestrebungen plattwalzen wie einen Pfannkuchen. Wenn Ihre Karriere wie geschmiert läuft, kann es geschehen, daß Sie sich so sehr mit äußeren Zielen identifizieren, daß die Welt Gottes im Vergleich dazu verblaßt. Wenn Sie auf der Erfolgsleiter sehr weit nach oben geklettert sind, fangen die Leute an, Sie zu behandeln, als wären Sie (Ihr Ego) Gott höchstpersönlich. Daraus kann sich natürlich das Problem ergeben, daß Ihr Ego den Verdienst für sich allein in Anspruch nimmt und Sie zu einer arroganten, egozentrischen und gierigen Führungskraft werden.

Dem Problem des Erfolgsrausches können Sie entgegenwirken, indem Sie in periodischen Abständen von Ihrer Arbeitswelt Urlaub nehmen. In den letzten drei Jahren habe ich mich dazu verpflichtet, alle acht Wochen für wenigstens drei Tage die Stadt zu verlassen. In diesen drei Tagen schalte ich völlig ab. Wenn möglich verbringe ich ein wenig Zeit in der Natur und verringere dadurch den Druck, der sich in meinem Leben aufgebaut hat. Während ich irgendwo zwischen riesigen Rotholzbäumen zelte oder unter einem unendlichen Wüstenhimmel schlafe, gelingt es mir, meinen rechtmäßigen (kleinen) Platz im Universum wieder einzunehmen. Ich bin immer wieder erstaunt, wie sich nach nur einem Tag der Abwesenheit von der Arbeit meine Sichtweise dessen, was wichtig ist, radikal verändert. In einer natürlichen Umgebung »einfach einmal von allem wegzukommen« kann für die Seele wahrhaft heilsam sein.

Wenn Menschen Erfolg haben, entwickeln sie oft die Tendenz, sich unter Vernachlässigung anderer Bereiche ihres Lebens ganz allein auf ihre Arbeit zu konzentrieren. Aber spirituelles Wachstum bedeutet nicht, daß wir uns mit unseren Stärken, sondern mit unseren Schwächen auseinandersetzen. Im Grunde ist unser Leben nur so gut wie das Schlechteste an ihm. Wenn Sie beispielsweise unglaublich reich sind, es aber nie geschafft haben, enge persönliche Beziehungen aufzubauen, werden Sie wahrscheinlich eine schreckliche innere Leere empfinden – trotz der Tatsache, daß Sie mehr Geld haben, als Sie jemals brauchen werden. Um wirklich glücklich zu sein, müssen wir uns darauf konzentrieren, die Bereiche unseres Lebens zu verbessern, in denen es nicht so gut klappt. Ein solches Bemühen führt zu einem ausgeglichenen, harmonischen Leben. Ein Gleichgewicht herzustellen ist immer schwierig, aber wenn man die

Karriereleiter in riesigen Schritten hinaufklettert, kann es noch schwieriger werden.

Wenn ich erfolgreiche Geschäftsmänner und -frauen berate, ermutige ich sie, die Zeit, die sie ihrer Arbeit widmen wollen, klar zu begrenzen. Ich schlage ihnen vor, häufige Kurzurlaube zu nehmen. Und vor allem ermutige ich sie, sich die anderen Bereiche ihres Lebens anzuschauen, sich bewußtzumachen, was nicht so gut läuft, und jenen Schwachpunkten ein wenig Zeit zu widmen. Zwar ist dies, wenn die Arbeit glatt läuft und mit einem guten Einkommen belohnt wird, zu Anfang nicht leicht, aber auf lange Sicht bewirkt es Erfolg, Harmonie und Glück. War das nicht ohnehin Ihr eigentliches Ziel?

Auch gebe ich meinen Klienten eine Liste von Fragen, die sie sich in regelmäßigen Abständen selbst stellen können. Ich habe diese Fragen im folgenden aufgelistet. Ich glaube, es ist hilfreich, sich jede Woche ein paar Minuten Zeit zu nehmen, um einzuschätzen, wie die Dinge laufen und, wenn nötig, entsprechende Anpassungen vorzunehmen. Zwar ist es üblich, um die Jahreswende darüber nachzudenken, was das Leben uns im vergangenen Jahr gebracht hat, aber ich glaube nicht, daß das ausreicht. Indem Sie sich jede Woche die folgenden sieben Fragen stellen, können Sie Ihre Energie auf wichtige Bereiche lenken, bevor sich ein größeres Problem ergibt.

Fragen zur Selbsteinschätzung

1. Welchem Problem oder welcher Situation widme ich nicht genügend Aufmerksamkeit? Was vermeide ich?

2. Was kann ich tun, damit ich diese Situation besser in den Griff bekomme?

3. Um welchen Bereich meines Lebens (Gesundheit, Beziehungen, Spiritualität, Karriere und Finanzen etc.) sollte ich mich mehr kümmern?

4. Was kann ich tun, um diesen Bereich meines Lebens zu verbessern?

5. Was muß ich wissen (oder tun), um noch mehr Frieden und Liebe zu erfahren?

6. Verletze ich durch gewisse Handlungen mich selbst oder andere, komme ich dadurch von meinem Weg ab?

7. Wie kann ich die Talente, die mir geschenkt wurden, nutzen, um anderen Menschen zu dienen?

Nehmen Sie sich ein wenig Zeit, um innerlich ruhig zu werden, bevor Sie diese Fragen beantworten. Sie können sich die Antwort vom Verstand oder von Ihrem inneren intuitiven Wissen geben lassen. Viele Menschen finden es hilfreich, die Antworten in einem Tagebuch festzuhalten. Wenn die Antworten schwer umsetzbar sind, sollten Sie in Erwägung ziehen, einen Vertrag aufzusetzen (wie in Kapitel 8 beschrieben), in dem die neuen Verhaltensweisen definiert sind. In meinem Vertrag stehen zwei Abende mit meiner Freundin und wenigstens ein Spaziergang in der Natur pro Woche. Obwohl ich beides überaus gern tue, ist es mir immer wieder passiert, daß ich von meinen beruflichen Angelegenheiten so sehr in Anspruch genommen war, daß ich es vergaß. Heute

ist das nicht mehr so. Die Beantwortung der sieben oben genannten Fragen und das Aufsetzen eines Vertrages, der mein
Leben im Gleichgewicht hält, haben sich auf meine Lebens-
qualität äußerst positiv ausgewirkt.

Zyklen des Lebens

Ein Mensch findet am besten zu innerer Erfüllung, wenn er
sich ein Leben schafft, in dem zwischen der Arbeit und der
Zeit, die er mit spirituellen, persönlichen und familiären
Aktivitäten verbringt, ein Gleichgewicht besteht. Es gibt jedoch noch ein anderes Modell für den Erfolg, das eine lange
Geschichte hat und hier erwähnt werden sollte. In Kulturen
wie der indischen erwartete man traditionsgemäß von den
Menschen, daß sie sich in bestimmten Lebensphasen einem
bestimmten Bereich ihres Lebens widmeten. Beispielsweise
wurden Männer im Alter zwischen 25 und 50 ermutigt, soviel Geld wie möglich für ihre Familien und die Zeit nach
dem Ausscheiden aus dem Berufsleben zu verdienen. Wenn
sie die finanziellen Bedürfnisse ihrer Familien erfüllt hatten,
wurden sie zu spirituellen Suchern sozusagen in »Vollzeit«.
Idealerweise ließen sie ihre Familien und ihren Besitz zu
Hause zurück und gingen als Heilige auf Wanderschaft.

In der westlichen Welt gibt es nicht allzu viele ältere Menschen, die als Heilige durch das Land wandern. Viele Menschen unseres Kulturkreises träumen jedoch von einem
frühen Rückzug aus dem Berufsleben. Aber was sollen wir
tun, wenn wir aus dem Berufsleben ausgeschieden sind?
Nach der indischen Tradition sollen sich die Menschen von
der materiellen Welt lossagen, damit sie sich voll und ganz
ihrer Seele widmen können. Im Westen liegen die Dinge ein

wenig anders. Von Menschen, die von finanziellen Zwängen frei sind, erwartet unsere Kultur, daß sie sich ihre Wünsche in dem Maße erfüllen, als es ihre finanziellen Mittel zulassen.

Viele spirituelle Traditionen halten das höhere Lebensalter für die beste Zeit für spirituelle »Arbeit«. Wenn wir älter sind, sind wir hoffentlich auch ein wenig weiser. Wir wissen, daß die nächste Beziehung oder der nächste Gehaltsscheck nicht die Antwort auf all unsere Träume sein wird. Wir werden uns bewußt, daß das Leben kurz und voller Schwierigkeiten ist und daß die Zeit uns unsere Gesundheit und die Menschen raubt, die wir lieben. Das Alter ist die richtige Zeit, um sich intensiver der Suche nach seinem spirituellen Wesenskern zu widmen. Ganz so einfach ist die Sache jedoch nicht. Nach einem Leben der Geschäftigkeit und des weltlichen Erfolgs kann es extrem schwierig sein, sich spirituellen Themen zu widmen. Viele Menschen klammern sich an die Vorstellung, daß sie sich intensiver ihrer Seele widmen werden, wenn sie einmal aus dem Berufsleben ausgeschieden sind. In Wirklichkeit geschieht das nur selten. Wenn auch Sie vorhaben, sich später einmal der Suche nach Ihrer Seele, nach Gott, zu widmen, dann ist es möglicherweise klug, sich bereits jetzt darauf vorzubereiten. Einmal von der Notwendigkeit zu arbeiten befreit, werden Sie besser gerüstet sein, um sich Ihrem inneren Traum zu widmen.

Brian fühlte sich von einer durchschnittlich 70stündigen Arbeitswoche als Rechtsanwalt völlig ausgebrannt. Unterdessen hatte er genug Geld gespart, um davon ein Jahr leben zu können. Er wollte sehen, was geschehen würde, wenn er Zeit für seine spirituellen Bestrebungen haben würde. Sehr bald empfand er gähnende Langeweile. Er entdeckte, daß es bei so viel freier Zeit schwierig war, sich in disziplinierter Weise seiner Spiritualität zu widmen. Nach einem Monat besuchte er die Anwaltskanzlei, für die er vorher gearbeitet hatte. Dort hörte er von dem Fall einer nichtprofitorientierten Umweltschutzgruppe, die ein größeres Unternehmen verklagt hatte. Die anderen Anwälte wollten den Fall nicht übernehmen, weil sie ihn für aussichtslos hielten. Zwar würde Brian sein Honorar nur bekommen, wenn er den Fall gewann, aber die Aufgabe faszinierte ihn, und er begann, sich intensiver mit dem Fall zu beschäftigen.

Um sich nicht erneut von der Arbeit völlig auffressen zu lassen, entschied Brian, während seines einjährigen Urlaubs gemäß einer einfachen Regel zu leben: Er würde nur dann an dem Fall arbeiten, wenn er wirklich Lust dazu hatte. Da sein Leben jetzt weniger stressig und mehr im Gleichgewicht war, vermochte er überdurchschnittlich viel zu leisten – obwohl er nur ein paar Stunden pro Woche arbeitete. Die Verhandlung zog sich über mehrere Monate hin, aber Brian und die Gruppe, die er vertrat, gewannen schließlich. Ironischerweise verdiente Brian während seines »Urlaubsjahres« mehr als zuvor.

Wie das Beispiel von Brian zeigt, kann man, wenn man die verschiedenen Aspekte seiner Persönlichkeit ins Gleichgewicht bringt, manchmal sogar noch mehr Geld verdienen als zuvor. Aber selbst wenn das nicht der Fall ist, führt ein größeres Gleichgewicht zu einem entspannteren und harmonischeren Leben. Wenn Sie genug Geld haben, um für eine Weile aus dem Berufsleben auszuscheiden, können Sie versuchen, das zu tun, was Brian tat. Betrachten Sie sich als »halbpensioniert«, und widmen Sie sich nur der Arbeit und dem Geldverdienen, wenn Sie wirklich eine innere Berufung dazu fühlen. Den meisten Menschen bringt das völlige Ausscheiden aus dem Berufsleben nicht das, was sie sich erhofft haben. Wie ich bereits erwähnte, haben Männer, die in Rente gehen, eine Lebenserwartung von nur 67 Jahren, während Männer, die weiterarbeiten, 75 Jahre oder älter werden und glücklicher sind. Wenn Sie genügend Geld gespart haben, sind Sie in der privilegierten Lage, mit Arbeiten, die Ihnen Spaß machen, experimentieren zu können und nur dann zu arbeiten, wenn Sie dies wünschen. Wenn Sie einen Beruf gefunden haben, der wahrhaft erfüllend ist, brauchen Sie niemals zu »arbeiten«, um sich Ihren Lebensunterhalt zu verdienen. Sie können das wahre Ideal erreichen – eine Menge Geld zu verdienen und sich gleichzeitig Ihrer Leidenschaft zu widmen.

Gedächtnisstützen: wahrer Reichtum

1. Beruflicher Erfolg erschwert eher die Auseinandersetzung mit den spirituellen Aspekten des Lebens. Zwei spezifische »Erfolgsfallen«, vor denen man sich hüten sollte, sind der Wunsch, immer mehr Macht zu gewinnen, und die Tendenz, sich im Erfolgsrausch von seinen wahren Zielen zu entfernen.

2. Verschiedene Handlungen helfen Ihnen, Ihr Leben ins Gleichgewicht zu bringen. Sie können sich zum Beispiel bestimmte Fragen stellen, um einzuschätzen, wie Ihr Leben verläuft. Auch häufige Kurzurlaube, absolute Ehrlichkeit gegenüber sich selbst und das Aufsetzen von Verträgen mit sich selbst können sehr nützlich sein.

3. Anstatt danach zu streben, früh aus dem Berufsleben auszuscheiden, kann es sinnvoll sein, sich für einige Zeit beurlauben zu lassen und sich einer Arbeit zu widmen, die wahrhaft lohnend ist. Wenn Sie sich Ihr Geld dadurch verdienen, daß Sie eine Arbeit tun, die Ihnen Spaß macht, wird es Ihnen nicht schwerfallen, ein Leben der Ausgeglichenheit, der Zielgerichtetheit und des wahren Reichtums zu schaffen.

Nachwort

Viele spirituelle Sucher leben ein Doppelleben. Im Blick auf
ihr Geld und ihre Arbeit leben sie gemäß den Prinzipien der
Logik, der Tüchtigkeit und der Konformität. Im Blick auf alle
anderen Aspekte ihres Lebens versuchen sie jedoch, gemäß
spirituellen Prinzipien und spiritueller Führung zu leben.
Unglücklicherweise geben die großen spirituellen Traditionen wenig Auskunft darüber, wie man eine 40-Stunden-Ar-
beitswoche, die Abzahlung einer Hypothek und die Raten-
zahlung für sein Auto zu einem Teil seines spirituellen Weges
macht. In diesem Buch wurden Ihnen verschiedene Wege
vorgestellt, wie Sie spirituelle Prinzipien in Ihre Karriere und
Ihre finanziellen Angelegenheiten integrieren können. Jetzt
ist es Zeit, aus dem, was Sie gelernt haben, Handlungskonse-
quenzen abzuleiten. In der Bibel heißt es: »Glaube allein,
wenn er nicht von Handlung begleitet wird, ist tot.« Auf ähnliche Weise stirbt Wissen, das nicht in aktives Handeln verwandelt wird.

Der heilige Franziskus sagte einmal: »Das Wissen eines
Menschen ist an seinem Handeln abzulesen.« Jedermann
kann in der Kirche oder bei einer bestimmten spirituellen
Übung »spirituell« sein. Unsere spirituelle Reife wird erst
dann wirklich auf die Probe gestellt, wenn wir uns bei unseren Aktivitäten in der materiellen Welt von spirituellen Prinzipien leiten lassen. Die Informationen, die Sie brauchen, um

sich im Geschäftsleben Ihre Spiritualität zu bewahren, sind an drei Orten zu finden. Zunächst einmal finden Sie sie in diesem Buch. Wenn Sie mit bestimmten Herausforderungen konfrontiert sind, dann sollten Sie noch einmal die Kapitel lesen, die für Ihre gegenwärtige Situation relevant sind. Wenn Sie größere innere Sicherheit suchen, werden Ihnen die Techniken und Ideen, die hier vorgeschlagen werden, eine große praktische Hilfe sein.

Auch bei Freunden, die etwas Ähnliches anstreben wie Sie selbst, können Sie sich Hilfe suchen, wenn Sie Ihr finanzielles Leben »spiritualisieren« wollen. In einer Kultur, die die Harmonisierung von Geld, Arbeit und spirituellen Prinzipien (oder Gott) nicht unterstützt, brauchen Menschen alle Hilfe, die sie bekommen können. Ich möchte Sie ermutigen, mit Ihren Freunden über dieses Thema zu reden und ihnen von diesem Buch zu erzählen. Je häufiger Sie dies tun, desto leichter wird es sein, spirituelle Konzepte in Ihrem Leben zu konstanten Prioritäten zu machen. Ich habe das Glück, viele Freunde zu haben, mit denen ich mich austauschen kann und von denen ich wertvolles Feedback bekomme. Mit der Unterstützung, die wir einander geben, ist es leichter, die Herausforderungen zu bewältigen, die daraus resultieren, daß man sich auch im Hinblick auf seine Finanzen von spirituellen Prinzipien leiten läßt.

Der dritte Ort schließlich, an den Sie sich wenden können, ist Ihre Beziehung zu Gott. Gott möchte, daß wir unsere Ängste loslassen und uns bei all unseren Unternehmungen vom Licht der Bewußtheit leiten lassen. Wenn ich auf die letzten zehn Jahre zurückblicke, kann ich erkennen, wie Gott mir in meinen verschiedenen Berufen und finanziellen Unternehmungen Führung gab. Wenn Sie aufrichtig versuchen, die Lektionen, die Gott Sie lehrt, zu erkennen und anzunehmen, werden Sie von diesen Lektionen gewiß profitieren. Der Schöpfer kann uns bei den »weltlichen« Aktivitäten unseres Lebens Hilfe und Führung geben. Wenn wir eine Brücke zwischen der materiellen Welt und Gott schlagen, verändert sich unser Leben. Wir gewinnen mehr inneren Frieden, werden liebevoller und haben mehr Kraft, anderen Gutes zu tun. Ein spiritueller Zugang zu Geld und Arbeit führt letztlich zu dem wahren Reichtum, nach dem wir uns alle sehnen.

Danksagung

Ich möchte Gott danken, daß er mich die Lektionen lehrte, die zu diesem Buch führten. Natürlich braucht Gott manchmal Menschen, die bereit und fähig sind, seine Lektionen und Prinzipien zu übermitteln. Es gibt mehrere Menschen, die mir in dieser Hinsicht geholfen haben und denen ich danken möchte:

Justin Gold, weil er mir gezeigt hat, daß es möglich ist, eine ganz neue, andersartige Beziehung zum Geld zu finden;

den Vorbildern Joyce Walton und Greg Caruso, die mir zeigten, wie man das tut, was nötig ist, um Gottes Ruf zu folgen;

meine Eltern, die es zuließen, daß ich mit »alternativen Lebensstilen« experimentierte, ohne daß sie ausflippten;

meiner Partnerin, Helena, weil sie niemals vergißt, daß Gott und Liebe wichtiger sind als Geld;

Yvonne Curtis für ihre Titelvorschläge und Paul Ehrlich für sein großartiges Feedback;

meinem Agenten, Joe Durepos, für seine Freundschaft und Unterstützung;

meinem Bruder, Gary, dafür, daß er mir in den rechtlichen Angelegenheiten geholfen hat, und

Jill Kramer bei Hay House für ihre Hilfe beim Lektorieren dieses Buches.